호모스마트쿠스로 진화하라

호모스마트쿠스로 진화하라

호모 스마트쿠스로 진화하라

21세기 디지털 실크로드를 건너는 직장인들을 위한 안내서

김지현 지음

다음커뮤니케이션 전략이사

해냄

도구를 지배하는 자가
일을 장악한다

스마트패드, 스마트TV에 이어 스마트라이프, 스마트워크까지. 스마트폰이 등장하면서 우리는 '스마트'라는 말을 주위에서 자주 접한다. 게다가 이러한 열풍으로 과거 컴퓨터와 인터넷이 가져다준 디지털 혁명처럼 우리의 일상을 새로운 패러다임으로 바꾸지 않을 수 없게 되었다. 디지털 혁명으로 삶이 더욱 윤택해졌지만, 그런 편리한 삶을 누리기 위해 새로운 것을 배우고 변화에 적응해야 했던 것처럼 말이다.

이제는 컴퓨터와 인터넷을 모르면 삶이 불편한 수준이 아니라 생활이 어려울 만큼 디지털이 필수가 되었다. 무엇보다 디지털 기기를 다룰 수 없으면 업무를 할 수가 없다.

그런데 이제 곧 스마트폰이 바로 그런 필수품이 될 것이다. 이미 그 변화는 시작되었다. 이처럼 인간의 삶을 윤택하게 하는 도구는 계속 발전하고 있다. 이 도구는 크게는 인간의 문명을 진화하는 데 기여하고, 작게는 업무의 효율성을 향상시킨다.

'스마트워크'는 나날이 새로워지는 도구를 적극 받아들여서 효율적으로 업무에 활용하는 것을 뜻한다. 치타보다 빨리 달릴 수 없지만 자동차를 개발해 지구상의 어떤 동물보다 빠르게 이동할 수 있게 된 것처럼, 우리는 스마트워크를 통해 과학기술을 기반으로 시간을 효율적으로 쓸 수 있을 뿐 아니라 생산성도 극대화할 수 있다.

따라서 스마트워크는 무조건 성실하게 야근하며 열심히 일하는 것을 중시하지 않는다. 일을 즐기면서 편리하게 시간을 줄여가며 효율적으로 하는 것, 궁극적으로는 일하지 않으면서 생산성을 극대화하는 것이 진정한 스마트워크의 목표이다.

이 책은 이러한 스마트워크를 심도 있게 소개하고 궁극적으로 스마트한 일처리를 위한 지식과 정보를 설명한다. 우선 우리를 둘러싼 도구가 어떻게 변화하고 있고, 우리의 업무환경과 업무방식, 산업구조가 이러한 도구의 변화에 따라 어떻게 바뀌고 있는지를 자세히 소개할 것이다.

그런 다음 이러한 이해를 기반으로 우리의 사고와 업무를 대하는 태도가 어떻게 바뀌어야 하는지, 시대의 변화에 맞춰 우리에게 필요한 업무능력과 스마트한 도구를 '똑똑하게' 사용하는 방법은 무엇인지 구체적으로 언급할 것이다.

물론 이러한 정보가 진가를 발휘하려면 자신의 업무현장에서 이를 제대로 활용하려는 독자 개개인의 열정이 가장 필요함을 잊지 말자. 아무쪼록 이 책을 통해, 당신의 업무환경과 업무능력에도 놀라운 변화가 있기를 진심으로 바란다.

2011년 12월

김지현

디지털 혁명에서 스마트 혁명으로, 이제는 호모스마트쿠스다!

1990년대 하반기, 수많은 공공기관과 기업 및 단체에서는 컴퓨터와 관련한 교육으로 오피스·인터넷·윈도우 등의 강의를 운영했다. 주변에는 컴퓨터 학원이 넘쳐났고 서점에서는 컴퓨터 관련 서적이 베스트셀러에 진입했다. 온 나라가 새롭게 등장한 컴퓨터에 열중했고, 그 결과 우리의 업무환경은 물론 일상과 산업·정치·경제·문화 어느 한 곳 디지털의 영향권에 들지 않은 부분이 없었다.

그런데 디지털 혁명이 우리의 삶을 바꾼 지 10년이 지난 지금, 또다른 혁신이 우리 삶을 변화시키고 있다. 디지털 혁명의 전례를 통해 알 수 있듯이, 현재 우리에게 닥친 이 변화 역시 빠르게 적응하는 자만이 향후 10년을 앞설 수 있을 것이다.

최근 기업에서는 사무기기로 노트북과 함께 스마트폰을 지급하는 경우가 늘고 있다. 심지어는 스마트폰으로 사내메일과 인트라넷, 정보공유와 메신저, 결재까지 가능하도록 지원하기도 한다. 이처럼 새로운 기기가 우리 삶과 업무에 미치는 영향력은 막강하다.

이제 우리는 주변 환경이 어떻게 바뀌고 있는지 직시함으로써 자신이 속한 직장, 직업 그리고 산업이 어떻게 바뀌는지 이해해야 할 시점에 있다.

1

제2의 두뇌, 스마트폰

지금 당신의 스마트폰은 어디에 있는가? 아마 책상 위나 주머니 속처럼 쉽게 찾아 쓸 수 있는 곳에 있을 것이다. 스마트폰은 이제 매일 입는 옷처럼 우리와 밀접하게 함께하는 전자기기가 되었다.

컴퓨터보다 화면이 작고 키보드 입력이 불편하며, 컴퓨팅 파워가 떨어지는 게 흠일 뿐, 컴퓨터로 할 수 있는 웬만한 작업은 모두 가능하다. 메일을 확인하고 쓸 수 있으며, 오피스 문서파일도 열어볼 수 있다. 인터넷 검색과 유튜브 등의 동영상 재생, 영화 예매와 쇼핑, 인터넷 뱅킹도 가능하다.

또한 스마트폰은 일상을 수시로 기록할 수 있어서 자신을 가장 잘 알고 이해하는 데 도움이 된다. 전파가 도달할 수 있는 곳이면 어디서든 컴퓨터의 정보처리 속도와 인터넷의 정보수집 및 확장의 힘을 빌려 내 생각을 기록하고 더욱 발전시킬 수 있다.

심지어 구글에서는 현재 스마트폰의 마이크로 언어를 인식한 후 이를 자동으로 번역해서 스피커를 통해 출력하는 자동 번역 서비스를 연구하고 있는데, 이 서비스를 이용하면 통역사 없이도 외국인과 의사소통을 할 수 있다. 이미 출시된 구글 러시아의 한 앱은 동물의 울음소리를 분석해서 그 뜻을 해석해 주기도 한다. 이처럼 스마트폰은 인간의 조력자로서 우리의 뇌를 도와 생각을 처리하는 데 도움을 준다.

그뿐 아니라, 컴퓨터가 못하거나 하기 불편한 일을 더 편리하게 할 수도 있다. 컴퓨터는 부팅을 하는 데 시간이 걸리고, 제아무리 작은 노트북이라도 이동 중에 사용하려면 여전히 불편하다. 한 손에 들고 사용할 만큼 작지도 않다.

하지만 스마트폰은 버튼만 한 번 누르면 바로 인터넷에 연결되고 작아서 휴대하기도 쉽다. 물론 한 손에 올려둘 수 있어서 흔들리는 버스나 사람이 많은 길거리에서도 사용할 수 있다. 사용하지 않을 때 전원을 꺼두는 컴퓨터와 달리, 항상 켜두고 주머니나 가방에 넣어두어 함께한다는 장점도 있다.

게다가 다양한 센서가 있어 인간의 육감을 대신한다. 스마트폰에 탑재된 GPS는 내가 어디에 있는지 정확히 알려주며, 카메라는 눈을 보완하고, 마이크는 귀를 대신한다. 그 외에도 조도센서(주위의 밝기 감지), 근접센서, 자이로스코프(나침반의 일종), 디지털 컴퍼스 등 다양한 센서가 사용자의 환경을 자동으로 인식해서 컴퓨터보다 똑똑한 서비스를 제공한다.

최근 개발된 다양한 앱 역시 스마트폰의 장점으로 한몫하고 있다. 아

아기의 울음을 통역해 주는 앱 'Cry Translator'

이폰 앱스토어에 등록된 'Cry Translator'라는 앱은 이름 그대로 아기의 울음을 통역해 아기가 왜 우는지 알려준다. 아기가 울 때 이 앱을 실행해서 마이크를 통해 울음소리를 입력하면 아기가 어떤 이유로 우는지 알 수 있다. 인터넷에 연결되어 소리가 전송되고, 인터넷 서버에 데이터베이스화된 울음소리의 음파에 맞는 이유를 찾아서 그 정보가 전달되는 것이다. 이 과정이 순식간에 이루어져 아기가 왜 우는지 알려준다. 배가 고파서인지, 졸려서인지, 소변을 봐서인지 단숨에 알 수 있는 것이다.

사실 기술차원에서만 보면 컴퓨터로도 이 정도는 충분히 구현할 수 있다. 스마트폰으로 할 수 있는 서비스는 컴퓨터로도 거의 대부분 가능하다. 하지만 스마트폰만큼 편리하지 않다. 크기가 작다는 특성 덕분에 컴퓨터로 하려면 불편하거나 부담스러운 서비스도 쉽게 구현할 수 있는 것, 그것이 컴퓨터가 따라올 수 없는 스마트폰의 장점이다.

━ 스마트폰의 눈으로 세상을 보다

스마트폰이 열어준 스마트 시대는 기존 디지털 시대와 크게 다르다. 디지털이 만든 가상계와 디지털 이전의 매스미디어 시대가 만든 현실계를 스마트폰이 서로 연결해 준 것이다. 즉, 디지털 시대가 온전히 인터넷과 컴퓨터를 통해 만들어진 가상의 세상이라면 스마트 시대는 가상계가 실제로 현실과 만나 보다 생산적이고 효율적인 사회가 되었다.

스마트폰에 장착된 카메라로 현실계를 들여다보면 가상계 속의 데이터와 결합된 정보가 입혀져 현실 속 사물의 디지털 정보를 볼 수 있다. 2시 방향 전방 10미터에 어떤 건물이 있고, 내가 들고 있는 와인이 어떤 곳에서 만든 어떤 종류의 와인인지 금방 알 수 있다. 굳이 검색창에 검색어를 입력하지 않고도 현실계에서 인터넷 정보를 볼 수 있는 것이다. 모니터 속에서만 볼 수 있던 인터넷 정보가 현실 속에 투영되어 보이는 것이다. 이는 스마트폰이 항상 들고 다니며 사용할 수 있는 '휴대용 컴퓨터'이기 때문에 가능하다.

마트에서 물건을 사기 전에 상품 가격을 그 자리에서 바로 알 수도 있다. 굳이 상품 이름을 검색창에 입력하지 않아도, 바코드 혹은 상품 사진을 카메라로 촬영하면 자동으로 검색된다.

심지어 사람의 얼굴을 촬영하면 자동으로 인물을 인식해서 검색해 주는 서비스마저 등장했다. 유명한 건물이나 조각품, 길거리의 상가, 책, 앨범, 영화 포스터, 명화를 찍기만 하면 바로 검색할 수 있다. 이러한 최신 기술이 스마트폰 덕분에 구현되고 있다.

이처럼 스마트폰은 기존의 컴퓨터보다 더 편리한 세상을 만들고 있다. 아직 작동법이 익숙하지 않아서 사용하기 어렵다고 여기는 사람도 많지만, 사실 컴퓨터보다 더 쉬운 것이 스마트폰이다. 휴대전화나 TV의 사용법을 따로 배우지 않아도 누구나 쉽게 사용하는 것처럼, 스마트폰이 컴퓨터보다 더 쉬워서 누구나 쉽게 사용하는 세상이 곧 올 것이다. 이렇게 되면 더 많은 변화가 우리 주위에서 일어날 것이다.

─── 누구나 가능해진 멀티태스킹

스마트폰은 한 사람이 한 대의 컴퓨터로 두 가지 이상의 작업을 동시에 처리하는 멀티태스킹(multitasking)을 더욱 수월하게 해주는 놀라운 변화를 낳았다. 어디서 무엇을 하든 인터넷에 바로 연결할 수 있어서, 마치 언제든 전투에 투입될 수 있는 5분 대기조 같은 상황이 된 것이다. 해외여행 중에도, 외근 중 버스에서도, 회의나 식사 중에도 우리는 수시로 스마트폰을 이용해 인터넷에 연결할 수 있다. 인터넷에 연결할 수 있다는 것은 언제든 업무를 할 수 있음을 뜻한다.

메일과 일정을 확인하고, 메신저로 대화를 나누고, 작성 중인 프로젝트 문서를 점검하는 것이 모두 가능하다. 물론 경쟁사 동향을 파악하고 벤치마킹을 위한 검색도 할 수 있다. 스마트폰 덕분에, 아니 '때문에' 우리는 언제든 일할 수 있는 만반의 준비를 할 수 있게 된 것이다. 컴퓨터처럼 중무장한 무기는 아니지만 충분히 몸을 방어하며 적진에 투입할 수 있는 권총, 소총 정도의 무기로서 스마트폰은 적격이다.

업무뿐만이 아니다. 친구와 카페에서 대화를 하다가 이야기 소재에 대한 궁금증이나 호기심이 생기면 즉각 스마트폰을 이용해 인터넷으로 문제를 해결할 수 있다. TV를 보다가 해당 프로그램에 대한 정보나 출연한 연예인의 신상정보를 검색할 수도 있고, 책을 보다가 궁금한 단어를 바로 찾아볼 수도 있다.

이처럼 스마트폰 덕분에 우리는 자신이 직면한 상황에 즉각 대응할 수 있을 만큼 의사결정과 문제해결 속도가 빨라졌다. 그러다 보니, 점점 많은 기업에서 다른 일을 하면서 스마트폰을 동시에 사용하는 멀티태스킹 역량을 직원들에게 요구하게 되었다. '스마트폰'이라는 새로운 기기의 발전이 오늘날 업무역량의 기준마저 바꾸고 있는 것이다.

2

도구가 일으킨
산업의 지각변동

잠시 스마트폰에서 거슬러 올라가 인류를 오늘날까지 이끈 '도구'에 대해 생각해 보자.

인기 TV 프로그램 〈생활의 달인〉에 나오는 달인들을 보면 저마다 고유한 도구가 있다. 식당 주방장은 자신만의 칼을, 물건을 운반하는 달인은 손때가 묻은 오래된 장갑을 애지중지 사용한다. 그렇다면 이들이 자신의 도구를 그토록 애지중지하는 이유는 무엇일까? 바로, 작업의 성과를 높여주기 때문이다.

이처럼 업무의 필수품이라 할 수 있는 도구는 끊임없이 진화하고 있다. TV에 나오는 달인 역시 작업속도를 더욱 높이려면 앞으로 더 나은 도구를 선택해야 할 것이다. 그리고 이러한 도구의 본질적 특성 덕분에 오늘날 스마트폰이라는 도구까지 나오게 되었다.

── 바퀴와 엔진이 가져온 변화의 바람

세계 3대 발명품으로 손꼽히는 '불·바퀴·돈'이라는 도구의 발명은 인류에 절대적인 영향을 미쳤다. 불의 발명으로 의식주 혁명이, 바퀴의 발명으로 물류혁명이 일어났으며, 돈으로는 가치축적과 가치교환이 가능하게 되었다. 그리고 이러한 도구가 점차 발전하면서 인류의 산업구조까지 바꾸어놓았다.

최고의 발명품으로 꼽히는 바퀴, 둥그런 바퀴의 등장은 간단한 아이디어에서 비롯되었지만 거대한 물류혁명으로 이어졌고, 이 혁명 덕분에 전 세계에 흩어져 살던 여러 문화권이 원활하게 교류할 수 있게 되었다. 무거운 물건을 멀리 운반할 수 있게 되면서 인류문명이 발전하는 데 큰 공헌을 한 것이다.

사실 바퀴는 물류혁명 외에 기계의 등장에도 큰 역할을 했다. 작은 시계부터 커다란 동력기에 이르기까지 톱니바퀴가 들어 있어 작은 힘으로도 큰 힘을 만들어내 사용할 수 있었다. 이처럼 바퀴는 다양한 영역에서 재창조해 이용되었고 이는 과학과 문명이 발전하는 데 밑거름이 되었다.

수레바퀴 덕분에 이것을 이용한 교통수단과 동력기 같은 도구도 탄생하였다. 바퀴가 장착된 수레를 소나 말이 끌게 하고, 이 수레가 쉽게 다닐 수 있도록 하는 도로도 생겼다.

이러한 변화는 도시가 형성되고 무역이 싹틀 수 있는 밑거름이 되었다. 수레를 통해 물건을 교류할 수 있게 되면서 상거래가 이루어졌고 상거래를 위한 가치교환 수단인 돈이 널리 사용될 수 있었다. 또한 더 많은 가치를 모으기 위해 가내수공업을 통해서 물건을 만들고, 농사를 지어서 식량을 축적했다. 이러한 상품들은 시장에서 거래되어 각지로 이동되었다. 도구 하나가 교통수단의 탄생과 도시화, 무역과 산업의 성장 및 발전을 가져왔다.

그뿐 아니다. 바퀴에 이어 등장한 엔진 덕분에 인간은 상상할 수도 없는 막강한 힘을 가지게 되었다. 화력·수력·풍력 등의 다양한 에너지를 통제하며 기계적인 힘을 만들어내 인간의 능력으로 불가능했던 모든 것을 실행에 옮길 수 있게 되었다.

또한 바퀴가 만들어놓은 산업을 보다 역동적으로 빠르게 변화시켰다. 바퀴를 끄는 소나 말 대신 엔진을 이용한 자동차와 기차가 탄생한 것이다. 이처럼 엔진 덕분에 일의 속도와 파워가 훨씬 좋아지면서 산업의 규모와 속도도 보다 크고 빠르게 변화했다.

엔진의 등장으로 기업의 규모 역시 대형화되었다. 한 기업에서 생산하는 상품의 양이 셀 수 없을 만큼 많아졌다. 기업은 나날이 성장하고 산업구조 또한 커졌다. 그뿐 아니라 규모가 커지면서 더욱 성장하기 위해 글로벌화되어 갔다.

나날이 부를 축적한 기업은 더 큰 성장을 위해 산업 분야를 가리지 않고 A부터 Z까지 영역을 확장하기도 했다. 이러다 보니 마치 과거 가내수공업처럼 한 곳에서 모든 것을 다 맡아서 함으로써 부의 집중화가 이루어졌다. 바퀴와 엔진의 등장으로 시작된 변화는 이처럼 산업혁명으로 이어져 대량생산의 시대, 규모의 시대를 만들어냈다.

— 생각의 속도를 뛰어넘은 컴퓨터

1990년 이후, 바퀴와 엔진의 발명만큼이나 세상을 크게 바꾼 발명품으로 컴퓨터와 인터넷 그리고 스마트폰을 꼽을 수 있다. 이들 기기는 바퀴와 엔진이 100여 년이 넘는 기간 동안 바꾼 세상을 20년 만에 더욱 큰 폭으로 바꾸고 있다.

1990년대 초반에 등장한 컴퓨터는 매년 빠르게 성능이 좋아졌다. 핵심부품인 CPU, 메인보드, 그래픽카드, 하드디스크는 나날이 더 빠르고, 더 큰 용량으로 탈바꿈했다.

엔진이 사람의 육체노동을 대신하며 이를 더욱 빠르고 강력하게 만들었다면, 컴퓨터는 사람의 뇌를 대신해서 연산과 계산을 더 빠르게 하고 많은 생각을 동시에 처리할 수 있도록 해주었다. 컴퓨터 덕분에 우리는 머릿속에 많은 정보를 기억할 필요가 없어진 것이다.

기억해야 할 모든 것은 컴퓨터에 파일 형태로 저장했다가 필요할 때 꺼내 사용할 수 있게 되었다. 덕분에 기억을 되살리는 데 많은 시간을 허비할 필요가 없어졌다. 회사의 매출과 비용 등에 대한 정산 역시 엑셀을 이용해서 빠르게 계산하고 쉽게 관리할 수 있게 되었다.

— 생각의 규모를 확장시킨 인터넷

이후 컴퓨터의 영역은 집 안이나 사무실로 국한할 수 없는 수준에 이르렀다. 인터넷이 등장해 전혀 다른 게임의 법칙과 경쟁의 구도를 만들어낸 것이다. 인류문명에 있어 산업혁명 이후 가장 큰 변화를 이끌어낸 시작점이라 해도 과언이 아니다. 인터넷은 앞서 등장한 컴퓨터를 서로 연결해 주었다. 전 세계의 컴퓨터가 연결되어 탄생된 이 생태계는 노아의 방주가 가져다준 변화만큼이나 세상을 크게 뒤흔들고 있다.

인류 역사를 석기시대, 청동기시대, 철기시대로 구분한다면, 철기시대 이후는 디지털시대라 할 수 있으며, 이 디지털시대의 화려한 꽃은 인터넷과 함께 만개했다. 또한 역사를 사회발전에 따라 원시공동체 사회, 고대노예제 사회, 중세봉건제 사회, 근대자본주의 사회로 나눌 수 있는데, 인터넷이 등장하면서 근대자본주의 사회 이후를 정보화 사회로 분류하게 되었다. 이처럼 인류 역사에 획을 긋는 새로운 시대가 인터넷과 함께 열린 것이다.

이제 인터넷으로 누구나 시공간의 제약을 뛰어넘어 지구 반대편과 즉각적인 교류를 할 수 있게 되었다. 물리적인 한계가 많은 현실계의 제약을 버리고 가상계 속에서 인터넷을 통해 디지털화된 데이터를 기반으로 정보를 주고받을 수 있게 된 것이다.

이러한 자유로움은 인간의 생각을 무한히 확장하는 데 크게 기여하고 있다. 인터넷을 통해 모인 생각이 서로 교류를 하면서 더 큰 생각으로 진화, 발전하고 있는 것이다.

인터넷의 등장은 컴퓨터보다 더 큰 사회적 변화와 산업의 구조적 변화를 일으키고 있다. 의식주가 우리 삶 전체에 상당한 영향을 끼치고 문화와 문명을 결정짓는 것처럼 인터넷 역시 사회 전반에 막강한 영향을 끼치고 있다.

IT 관련 산업이 아니더라도 인터넷은 각 산업 전반과 깊은 연관을 맺고 있으며 모든 기업에 기획·마케팅 부서가 있듯이 요즘에는 기업 홈페이지, 사내 네트워크(인트라넷) 등을 관리하는 부서가 있다. 앞서 나가는 기업은 정보전략을 담당하는 부서를 두어 IT와 신기술의 변화 속에서 기업의 미래전략을 수립하기도 한다.

실제로 필름 카메라의 선구자이며 최초의 디지털 카메라를 상품화한 코닥의 실패 사례를 통해 우리는 인터넷의 막강한 영향력과 이를 기반으로 한 정보 파악의 중요성을 실감할 수 있다.

코닥은 필름 카메라의 최강자인데다가 디지털 카메라의 원조기업이다. 이미 1980년부터 디지털 카메라 기술에 천문학적인 투자를 아끼지 않았다. 그럼에도 불구하고 코닥이 디지털 카메라 시장에서 후지필름·니콘·캐논·소니 등에 밀린 가장 큰 이유는 디지털 카메라에 대한 사용자들의 요구와 트렌드의 변화를 제대로 인식하지 못했기 때문이다.

특히 기존 필름 카메라 시장을 지키려는 자기잠식 효과에 대한 두려움 때문에 디지털 카메라 중심의 비즈니스 모델을 과감하게 강화하지 못해 쓴잔을 마시게 되었다. 사용자들은 디지털 카메라로 촬영한 사진을 인화해서 보관하는 것보다 하드디스크에 저장하거나 사진을 공유할 수 있는 웹(www) 서비스를 통해 친구들과 나누기를 원했다. 이러한 사용자들의 요구에 주목했다면 코닥은 기존 필름산업과 무리하게 연계한 디지털 카메라 전략을 추구하지 않았을 것이다.

무엇보다 인터넷의 등장과 함께 기업의 경쟁구도는 한 치 앞을 내다볼 수 없게 되었다. 신상품이 나오면 사용자들은 인터넷을 통해 신속하게 반응한다. 이러한 사용자들의 의견은 검색과 SNS를 타고 전 세계에 공개된다. 그러다 보니 기업은 마케팅 전략에서 인터넷을 고려하지 않을 수가 없다.

가장 성공적으로 소셜 마케팅을 활용한 사례로 'Kogi BBQ'를 들 수 있다. 한인 2세인 로이 최가 운영하는 길거리 음식점인 Kogi BBQ는 이동식 트럭에서 김치와 불고기를 넣은 '한국식 타코'를 판매한다. 그는 자신이 이동하는 지점을 트위터를 통해 알려줌으로써 고정된 장소에서 장사를 할 수 없음에도 불구하고 쉽게 판매 위치를 고객들에게 알

SNS, 네가 어디서 무엇을 했는지 알고 있다

스마트폰의 등장과 함께 주목받는 새로운 서비스 플랫폼으로 소셜 네트워크 서비스(SNS)를 손꼽고 있다. 마치 웹 플랫폼의 등장으로 메일과 카페·검색·블로그 등이 주목받은 것과 같다. 모바일 플랫폼의 등장과 함께 주목받은 SNS로는 페이스북과 트위터가 대표적이다. 그중 트위터는 기업가치를 수십 조대로 올리며 급성장하고 있어 구글과 야후를 크게 위협하고 있다.

그런데 이 SNS는 사실 스마트폰에 무척 적합한 서비스다. SNS 자체가 스마트폰을 통해 자신의 일상을 기록하고 공유하는 서비스이기 때문이다. 싸이월드의 미니홈피에 기록하던 것과 비슷한 방식이지만, 오히려 더 강력하고 편리하다. 미니홈피는 컴퓨터 앞에서 기록하다 보니 즉각적이지 못하며 항상 같은 장소에서만 기록하게 마련이다.

하지만 SNS는 사건이 일어난 즉시, 그 자리에서 스마트폰으로 바로 기록할 수 있다. 그렇기에 특정인의 SNS에 남겨진 기록을 분석하면 언제 어디에서 누구와 무엇을 했는지 추적할 수 있다. 그만큼 스마트폰은 인터넷 서비스 전반에 많은 변화를 가져오고 있다.

려줄 수 있었다. 또한 독특한 맛과 마케팅 덕분에 트위터를 통해 입소문을 타고 보다 많은 사람들에게 홍보할 수 있게 되면서 그 입지를 굳혔다.

인터넷 미디어는 통제하기 쉽던 기존 매스미디어와 근본적으로 다르다. 산업 간의 경계도 모호해져서 가전기기 제조업체라도 인터넷을 모르면 사업전략이나 비즈니스 모델링을 수립하기가 어려워졌다. 최근의 TV·세탁기·냉장고·전자레인지 등은 인터넷과 연결되어 제품의 기능이 업그레이드되고 AS를 받을 수도 있다. 이 모든 것이 인터넷이 바꾸어놓은 또다른 세상의 모습이다.

3

기술이 생각과 전략을
지배하는 세상

놀라운 변화의 바람을 몰고 온 컴퓨터와 인터넷은 당신의 업무방식을 어떻게 바꿨는가? 예를 들어 경쟁사의 작년 매출이 궁금할 때 당신이 어떻게 하는지 생각해 보자. 자료를 뒤적일 필요 없이 인터넷 검색창에 'OO회사 2010 매출'이라고 입력해서 검색할 것이다.

최근 고객들이 우리 기업의 상품에 대해서 어떻게 반응하는지 궁금하다면 리서치 회사에 의뢰하기 전에 트위터의 검색창에 해당 상품명을 입력해 보면 된다.

이처럼 IT 기술 덕분에 이제 우리는 필요한 정보를 순식간에 찾아볼 수 있게 되었다. 만일 이런 기술을 모른다면 제대로 직장생활을 할 수 있을까? 단언컨대, 불가능하다. 이번 장에서는 우리의 업무환경과 방식을 뒤바꾸어놓은 기술이 기업의 사고와 산업의 구도를 어떻게 바꾸어가고 있는지 알아보자.

— 대기업 CEO가 트위터를 하는 이유

정용진 신세계 부회장, 박용만 두산 회장, 김낙회 제일기획 사장, 표현명 KT 대표의 공통점은 무엇일까? 모두 트위터를 열심히 해왔거나 하는 기업체 대표라는 점이다.

사실, 연령이나 기업 내 위치 등을 고려할 때 SNS와 친숙한 이들의 모습은 사뭇 남다르다. 이들 CEO의 트위터는 공개되어 있어 누구나 이들이 하는 말에 귀 기울일 수 있다. 또한 누구나 언제든지 트위터로 이들에게 공개적인 질문을 할 수 있다.

주목받는 기업의 대표가 트위터와 같은 인터넷 서비스를 통해서 공개적으로 커뮤니케이션하는 것은 쉬운 일이 아니다. 기업차원에서 볼 때, 득보다 실이 많을 수 있기 때문이다. 그럼에도 불구하고 이들이 트위터를 열정적으로 하는 이유는 무엇일까?

물론 CEO마다 트위터를 하는 구체적인 이유와 사정은 조금씩 다를 것이다. 하지만 이들 대부분은 회사 업무와 관련 있는 내용을 게재해 업무에 적극 활용한다.

고객과 소통하면서 회사의 정책을 알리거나 사용자의 불만을 수집하고, 이러한 과정을 통해서 기업 브랜드를 알리거나 개인의 브랜드 가치를 높이기도 한다. 새로운 인터넷 서비스나 신기술을 적극적으로 수용하는 것이 상당한 노력과 기회비용이 투자되는 일이지만, 이를 통해 트렌드를 이해하고 기업과 산업의 향후 미래전략을 구상하는 데 큰 도움을 받는 것이다.

한 CEO는 트위터를 통해 다양한 분야의 사람들과 만나면서 새로운 사업기회를 발견하는 것은 물론 회사의 전략에 대한 도움까지 받는 등, 실제로 사업에 직접적인 도움을 받는다고 한다.

CEO라는 자리가 워낙 바쁘다 보니 A부터 Z까지 회사의 모든 일을 챙기기는 어렵다. 그런데 그 CEO는 트위터에서 알게 된 많은 전문가들과 고객들의 목소리를 통해 이러한 빈틈을 메운다고 한다. 차후 심각한 문제를 야기할 수 있는 회사의 크고 작은 문제와 전략적인 기회, 시장 트렌드 등에 대해 수시로 확인하여 사업에 반영하고 재확인하면서 실질적인 도움을 받는 것이다.

── 치킨집 사장도 인터넷에 빠져야 한다

그렇다면 이러한 방법은 대기업 CEO에게만 필요한 거창한 것일까? 그렇지 않다. 인터넷과는 전혀 무관할 것 같은 동네 치킨집 사장도 이제는 예외일 수 없다.

컴퓨터와 윈도우, 초고속 인터넷으로 구성된 웹 플랫폼에 이어 스마트폰과 iOS(또는 안드로이드), 3G(HSDPA)와 4G(LTE), WiFi 등으로 구성된 모바일 플랫폼이 등장하면서 여러 종류의 새로운 비즈니스 모델과 고객 서비스가 속출하고 있기 때문이다.

이제 어떤 산업에 종사하든 인터넷과 모바일의 신기술을 수용하고 이를 적극 활용하지 않으면 경쟁에서 밀려날 수밖에 없다.

　그중 가장 주목받는 황금알을 낳는 거위는 '소셜 커머스'다. 이는 소셜 네트워크를 활용해 물건을 서로 추천하고 보다 많은 사람들이 동시에 구매함으로써 구매가격을 낮출 수 있는 전자상거래 방식이다. 대표적인 것으로 해외에는 '그루폰'이라는 서비스가 있으며 국내에는 '티켓몬스터, 위메이크프라이스' 등이 있다.

　이들 서비스는 일종의 공동구매 방식으로, 오프라인 상점에서 판매하는 상품을 저렴한 가격으로 수십, 수백 명의 소비자들이 한 번에 구매할 수 있게 해준다. 수많은 상점들이 이와 같은 새로운 판매방식으로 매장을 홍보하고 한번에 큰 매출을 얻고자 적극적으로 동참하고 있다.

　또한 스마트폰 보급이 활성화되면서 다양한 쿠폰 비즈니스가 주목받고 있다. 스마트폰에 설치되어 있는 쿠폰 앱을 이용하면 현재 위치에서 가장 가까운 곳으로 쿠폰을 사용할 수 있는 상가를 알려주는 것이다.

　이와 같은 새로운 비즈니스 모델을 제대로 이해하고 적극적으로 활용하려면 당연히 새로운 기술을 반드시 이해해야 한다. 더 나아가 현재 사업 중인 산업의 동향과 사용자들의 반응을 즉각적으로 수집해야 한다.

　'치킨집'이라는 왠지 스마트워크와 거리가 멀 것 같은 업종에 종사하는 사람일지라도 이처럼 기술을 익히고 적극적으로 그 기술을 사업에 활용한다면, 치킨에 대한 사용자들의 요구와 불만을 즉각 확인해 향후 사업과 마케팅 전략에 참고할 수 있을 것이다.

━ 컴퓨터를 뛰어넘는 김 대리의 스마트폰

물론 스마트폰을 사용하는 사람들이 주위에 많아지면서 그저 유행에 따라 스마트폰을 무턱대고 구입하는 사람들도 있다. 하지만 그런 식의 구입은 지양해야 한다. 그저 출퇴근길에 게임이나 즐기고 만화를 보며 낄낄대는 데만 사용한다면 그런 스마트폰은 비즈니스맨에게 전혀 도움이 되지 않는다. 차라리 출퇴근길 소중한 여유시간에 영어공부를 하거나 시사상식을 넓혀주는 라디오를 듣는 것이 스마트폰보다 100배 나을 수 있다.

하지만 김 대리가 스마트폰을 구매한 이유는 외근이 잦은 업무 특성상 스마트폰이 훌륭한 노트북 대체재가 되기 때문이다. 회사에서 수시로 보내오는 메일을 확인하려고 매번 노트북을 열고 켜던 일을 스마트폰이 불과 수초 만에 할 수 있도록 해결해 주었다. 심지어 외근을 나갈 때, 목적지까지 가는 길과 대중교통 정보 그리고 버스가 언제 도착하는지도 알 수 있어 길에서 낭비하는 시간마저 줄어들었다.

특히 점심, 저녁식사를 저렴하게 해결할 수 있는 각종 쿠폰 정보와 맛집 정보도 볼 수 있어 스마트폰은 김 대리에게 그야말로 노트북 이상의 값어치를 하고 있다. 주머니에 스마트폰 하나만 넣고 다니면 노트북이 부럽지 않다.

물론 새로운 기술을 체험하고 수용하려면 그만큼 투자가 필요하다. 그러다 보니 모든 기업과 사람들이 최신 기술을 수용하는 데 적극적인 것은 아니다. 하지만 신기술은 자기계발에 상당한 도움을 주기 때문에 적극적으로 받아들이는 것이 좋다.

회사가 지원해 주지 않는다면 개인이 비용을 들여서라도 신기술을 체험하는 것이 좋다. 그렇게 기술을 알게 되면 회사가 가르쳐주지 않는 시장의 변화와 트렌드의 흐름을 파악하고 업무기술을 향상하는 데 직접적인 도움이 된다.

만약 국내에서 스마트폰이 판매도 되지 않았을 때 먼저 사용할 기회를 얻었다면 당신은 남들보다 한발 앞설 수 있었을 것이다. 새로운 기술을 체험한 덕분에 정보를 많이 얻게 되고, 이를 통해 지식이 쌓이고 지혜로 숙성되기 때문이다.

이러한 장점을 다양하게 갖춘 스마트 도구에는 디지털 기기는 물론 인터넷 서비스까지 포함된다. 이미 트위터 같은 SNS는 최신 뉴스를 전달받고 여론의 흐름을 파악하는 용도로 기자는 물론 정치인, 기업인들이 널리 사용하고 있다. 또한 교수나 전문가 역시 해당 분야의 전문가와 소통하기 위한 용도로 활용하고 있다.

컴퓨터를 이용하지 못하면 직장생활을 제대로 할 수 없는 것처럼 스마트폰·스마트패드(아이패드, 갤럭시탭), 트위터·카카오톡 등의 최신 기기와 서비스를 제대로 활용할 수 없으면 시대에 뒤처지게 된다. 그 사실을 잊지 말고 지금이라도 자신의 업무에 스마트 도구들을 적극 활용해 보자.

4

펜에서 스마트폰까지, 업무환경의 대변화

그렇다면 스마트폰은 현재 우리나라에 얼마나 보급되어 있을까? 현재 컴퓨터의 보급대수는 약 3,000만 대로, TV와 거의 비슷한 수준이다. 그런데 그것보다 더 많이 보급된 기기가 바로 휴대전화다.

휴대전화는 5,000만 대 이상 보급되어, 대한민국 인구보다 더 많은 지경이다. 그런 휴대전화가 컴퓨터보다 더 막강한 기능을 수행한다면 컴퓨터의 존재가치는 희석될 것이다.

그런데 이처럼 우리 생활에 밀접하게 들어온 휴대전화가 이젠 더욱 강력한 기능이 탑재된 스마트폰으로 거듭 진화하고 있다. 사실 스마트폰 이전에도 PDA·PMP 등 다양한 모바일 기기가 있었지만 이만큼 주목받은 적은 없었다. 스마트폰은 2009년 11월에 들어온 아이폰을 시작으로 불과 1년 만에 600만 대 이상 보급되었다. 이후 2011년 6월에는 1,400만 대를 넘었고, 2011년 12월에는 약 2,200만 대에 육박하고 있다.

어떻게 이런 수치가 가능할까? 그 이유는 휴대전화가 연간 2,000만 대 이상 판매되기 때문이다. 이왕이면 다홍치마라고 휴대전화를 바꿀 때에 스마트폰으로 교체하는 사용자가 많아지면서 스마트폰 보급이 전 국민을 대상으로 광범위하게 이루어지고 있는 것이다.

한국의 스마트폰은 미국이나 유럽에 비해 2년 정도 뒤처진 상태에서 시작되었다. 2007년 미국에서 아이폰이 판매되기 시작하면서 유럽을 거쳐 전 세계로 보급된 것이다. 하지만 한국에서는 미국에서 출시된 아이폰이 2년을 훌쩍 넘어서야 판매되기 시작했다.

그렇게 좋은 스마트폰이 왜 한국에서는 뒤늦게 보급되었을까? 그것은 한국시장이 아직 아이폰을 보급할 준비가 되어 있지 않았기 때문이다. 아이폰은 기존의 통신산업에 커다란 패러다임의 변화를 요구하는데, 우리나라의 통신사와 제조사 그리고 사회규범이 아이폰을 받아들일 수 있을 만큼의 수용력이 부족했던 것이다.

아이폰 하나가 출시되기 위해 휴대전화 판매규정〔위피(WIPI : 한국형 무선 인터넷 플랫폼의 표준 규격) 의무화 탑재, 위치정보사업자 등〕을 바꾸어야 했고, 통신사와 제조사는 기존의 기득권을 상당 부분 포기해야 했다.

애니콜의 햅틱이나 사이언의 프라다폰과는 전혀 다른 기기인 아이폰이 한국에 상륙하자 커다란 변화가 일었다. 그로 인해 시장의 경쟁구도와 산업의 구조가 달라졌다.

스마트폰이 대중화되면서 사용자들의 인터넷 사용습관도 변하기 시작했다. 1분 이상 부팅을 해서 기다려야 하는 책상 위의 컴퓨터보다는

단숨에 버튼 한 번만 누르면 인터넷을 사용할 수 있는 스마트폰을 선호
하게 되었다.

그러다 보니 집이나 회사에서도 옆에 컴퓨터를 놔둔 채 스마트폰을
사용한다. 마치 집 전화기를 놔두고 통화료가 더 비싼 휴대전화를 사용
하던 것과 같은 변화다. 게다가 거리, 버스, 지하철, 커피숍에서는 스마
트폰으로 시간을 보내는 사람들도 점점 많아지고 있다. 이 모든 것이
스마트폰이 가져다준 삶의 변화다.

그런데 도구가 바뀌면서 달라지는 것은 생활방식만이 아니다. 업무
환경 역시 도구에 따라 변화한다. 상황이 이렇다 보니 도구에 익숙하지
못하면 업무능력도 떨어지게 된다. 훌륭한 목수가 연장을 잘 다루고 뛰
어난 군인이 무기를 잘 다루듯, 직장인 역시 업무역량을 극대화하는 자
신의 도구를 적절하게 사용할 수 있어야 한다.

종이가 지배하던 아날로그 오피스

컴퓨터 이전의 아날로그 시대를 생각해 보자. 그때는 사무실에서 우
리 손에 들려 있던 도구가 펜이었다. 펜과 자를 이용해서 서류작업을
하고 결재를 해야 했다.

보고서나 제안서를 작성할 때면 내용은 기본이고 반듯한 표와 예쁜
글씨체까지 신경 써야 했다. 입사 전에 예쁜 글씨체를 익히기 위해 손
글씨 학원에 다니기도 했다. 또한 입사를 하면 가장 먼저 팩스와 복사
기 사용법을 배워야 했다. 선배들이 애써 만든 문서를 복사해서 회의를
준비하는 것도 필수였다.

문서작업을 하려면 발로 뛰어다니며 찾은 수많은 자료를 분류·취합·정돈해야 한다. 이렇게 분류한 자료를 복사해서 담당자들과 공유하고, 다시 최종 리포트로 취합하기 위해 여러 번의 교정과 복사를 거친다. 철자 하나라도 잘못 쓰면 애써 복사한 문서들을 다시 작업해야 해서 복사 전에 교정을 꼼꼼히 해야만 했다.

이 같은 아날로그 사무환경에서는 일의 순서가 철저하고 중간의 실수를 나중에 수정하기가 어려웠다. 따라서 신속함보다는 꼼꼼함이 더 중요하게 여겨졌다.

회사의 수많은 문서들은 추후 필요할 때 쉽게 찾을 수 있도록 인덱싱을 해서 보관해야만 했다. 검색이 용이하지 않기 때문에 평소에 정해진 양식과 규칙에 맞게 서류를 차곡차곡 정리하는 세심함이 중요했다.

컴퓨터가 지배하는 디지털 오피스

사무실 책상 위에 컴퓨터가 등장하면서 업무환경은 급변했다. 사무 공간을 차지하던 수많은 서류는 컴퓨터 속 하드디스크에 파일로 저장되었다. 게다가 인터넷을 통해 전 세계의 수많은 데이터에 연결해 원하는 정보를 효율적으로 검색할 수 있게 되었다. 책상 앞에 앉아 전 세계의 정보에 접근할 수 있는 세상이 된 것이다.

이러한 디지털 오피스 시대에는 많은 데이터가 네트워크를 타고 디지털로 오고 가게 된다. 서류는 물론이거니와 커뮤니케이션도 컴퓨터를 이용하는 경우가 많아졌다. 대면을 통해 구두로 설명하고 보고하는 것보다 메일을 이용하는 경우가 많아졌고, 전화를 이용하기보다는 메신저를 통해 업무에 관한 대화를 나눈다. 순식간에 지구 반대편으로 전송할 수 있는 디지털과 네트워크 덕분에 같은 양의 일을 해도 업무시간은 짧아지게 되었다.

따라서 디지털 오피스 시대에는 정리·정돈보다는 즉각적인 정보검색과 신속한 대처가 더 중요한 역량이다. 인터넷에 연결된 컴퓨터를 이용해 필요한 정보를 보다 빠르고 정확하게 검색하는 능력, 즉 정리력보다는 수집력(검색역량)과 분석력이 중요해 진 것이다. 도구 하나가 바뀌었을 뿐인데 시대가 요구하는 역량마저 달라진 셈이다.

─ 스마트폰이 지배할 스마트 오피스

디지털 오피스에 이어, 스마트폰의 등장으로 우리의 사무환경은 또 다른 변화를 맞게 되었다. 언제 어디서나 내가 있는 곳이 오피스가 된 것이다. 그렇다 보니 스마트폰 기반의 오피스는 직장인에게 '족쇄'로 오해받기도 한다. 하루 24시간, 주 7일 내내 항상 업무를 처리해야 한다는 강박관념이 생길 수 있기 때문이다. 하지만 스마트폰이 족쇄가 될지 조력자가 될지는 도구를 대하는 자세에 따라 달라진다.

컴퓨터를 기반으로 하는 인터넷 시대에는 컴퓨터가 있는 곳을 중심으로 업무가 이루어진다. 그렇다 보니 회의를 하거나, 외근을 나가는 등 현장에서는 컴퓨터가 만들어놓은 인터넷 문명을 제대로 이용하기 어렵다.

아무리 노트북이 있어도 주머니에 들어가지 않는 노트북을 들고 다니며 일하기란 어렵다. 또한 컴퓨터와 인터넷이 만들어준 디지털 오피

스가 편하지만 디지털을 사용하기 어려운 장소에서는 아날로그 오피스보다 오히려 더 열악한 업무환경이 된다.

하지만 스마트폰이 그러한 불편함을 해소해 주고 있다. 주머니 속에 들어가는 스마트폰은 한 손 위에서 디지털에 연결할 수 있다. 게다가 누차 강조했듯이 언제 어디서나 인터넷에 연결이 가능하기 때문에 회사가 있는 그곳이 아닌, 내가 있는 이곳을 중심으로 업무환경이 구축된다.

이로 인해 스마트 오피스는 디지털 오피스보다 더 빨리 정보에 접근할 수 있다. 또한 현실계에서 가상계의 인터넷 데이터를 쉽게 불러낼 수 있어 우리의 의사결정과 판단력을 향상시켜준다.

현대사회는 1년 후를 예측할 수 없을 만큼 변화가 시시각각 벌어지는 그 어느 때보다 시간의 흐름이 빠른 시대다. IT 시장은 물론 언론사·방송사·유통회사 등 모든 산업에 이러한 변화의 물결이 몰아치고 있다. 이 같은 시기에 즉각적인 판단력을 기반으로 의사결정을 빠르게 하지 못하면 도태되게 마련이다.

그러니 우리의 오감(五感)을 넘어서 제6감각기관이 된 스마트폰이 만들어주는 디지털 오감을 활용해야 한다. 그럴 때, 더 정확하고 빠른 의사결정을 할 수 있을 것이다.

분업은 사라지고 맥가이버만 남는다

산업혁명 이후 업무의 분업화를 통한 분야별 전문인력이 양성된 것과 달리, 디지털 사회는 분업보다는 다재다능한 맥가이버 같은 역량을 요구한다.

디지센서스

스마트폰에는 다양한 센서가 내장되어 있다. 인간의 눈을 대신할 수 있는 카메라, 귀를 대신하는 마이크, 입을 대신하는 스피커, 공간지각을 대신하는 A-GPS와 지자기센서 등 여러 개의 센서가 있다. 이러한 센서를 통해 기계와 인간이 상호 교감하는 것을 '디지센서스(DigiSensus)'라고 부른다.

이러한 센서 덕분에 우리의 감각 영역이 확장되고, 사용자를 대신해 주변의 상황을 정확하게 파악해서 정보를 제공해 준다. 이러한 정보를 바탕으로 우리는 좀 더 정확한 판단을 할 수 있다.

산업혁명으로 대량생산이 가능해지면서 이를 위해 업무를 잘게 나누어 분업화하였다. 사람은 기계부품처럼 자신이 맡은 업무만 전문적으로 수행하면 되었다. 가내수공업 시대처럼 전체 공정을 다 아우를 장인도 필요 없었고 이에 관심을 가질 필요도 없었다.

하지만 디지털 혁명으로 컴퓨터와 인터넷이 보급되면서, 분업화보다는 이전처럼 다시 디지털 장인이 필요해졌다. 데이터와 정보가 누구에게나 공개되고 어디서든 필요한 것을 얻을 수 있는 세상에서는 서 말의 구슬을 잘 꿰어내는 지혜로운 사람이 필요하다. A부터 Z까지 전체를 바라보며 상품을 만들어낼 수 있는 인재가 필요한 시대가 된 것이다.

물론 스마트 오피스에서 필요한, 주변의 도구를 이용해서 문제를 그때그때 해결할 수 있는 능력이 하루아침에 생기는 것은 아니다. 맥가이버처럼 도구를 잘 다룰 수 있어야 하며 창의력과 임기응변 능력이 뛰어나야 한다. 이 같은 능력은 평소 접하게 되는 데이터를 데이터베이스화하는 구조적인 사고를 통해서 점차 쌓을 수 있다.

이제 더 이상 데이터 정리를 신입사원에게 요구할 수 없다. 데이터는 내 컴퓨터 하드디스크에 저장되며 데이터의 수집·분류·보관·검색 역시 모두 자신의 몫이다. 그 누구에게 맡길 수 있는 일이 아니다. 그렇기에 데이터 정리의 핵심인 데이터베이스화는 현대사회가 직장인에게 요구하는 시대의 역량이라 할 수 있다.

5

스마트폰이 촉발한 스마트워크

스마트폰이 바꾸어놓은 것은 버스나 지하철의 풍경만이 아니다. 업무공간과 환경도 크게 바꾸고 있다. 스마트워크, 스마트 오피스 같은 신조어가 생겨날 만큼 사람들의 관심이 커졌고, 먼 미래의 이야기가 아닌 현재 자신이 출근하는 회사와 맡고 있는 업무에 직접적인 영향을 미치게 되었다.

스마트폰이 우리의 업무환경을 구체적으로 어떻게 바꾸어놓았는지에 대해 좀 더 관심을 가짐으로써, 이론에만 머문 추상적인 개념이 아니라 궁극적으로 더욱 효율적이고 능률적인 업무를 위한 업무방식 및 업무기술, 즉 '스마트워크'가 현실화될 것이다.

─ 내가 있는 그곳이 오피스가 된다

디지털 오피스는 업무와 관련된 수많은 문서와 자료 그리고 커뮤니케이션 내역과 의사결정 사항을 쉽게 기록·보관·관리할 수 있도록 해 주었다. 모든 데이터는 종이가 아닌 0과 1로 구성된 디지털로 하드디스크에 저장되었다.

이처럼 업무가 디지털로 기록되자 업무 프로세스를 체계적으로 정립하고 의사결정을 투명하게 하는 데 도움이 되었다. 특히 디지털은 시간이나 장소의 제한 없이 데이터를 보관하고 빠르게 검색할 수 있으며 전 세계 어디든 순식간에 데이터를 전송할 수 있어 업무속도를 개선하는 데 크게 기여하였다.

그렇다면 스마트 오피스는 어떤 변화를 가져올까? 디지털 오피스가 컴퓨터와 유선 인터넷으로 구현될 수 있었다면, 스마트 오피스는 스마트폰과 무선 인터넷으로 시작된다.

앞서 언급했듯이 장소의 구애를 받지 않다 보니 항상 손에 들고 다니는 스마트폰과 스마트패드로 이동 중에도 자신이 있는 장소를 디지털 오피스로 만들 수 있다. 즉, 미래의 오피스는 스마트폰을 중심으로 직장 내의 지정석이 아닌 자신이 편한 곳에 앉아서 일하는 유연한 업무환경이 될 것이다. 심지어는 회사가 아닌 외부(때로는 집)에서 원격으로 업무를 처리하는 것도 일반화될 것이다.

사실 자리에 앉아서 긴 호흡의 작업을 하기에는 컴퓨터를 따라올 도구가 없다. 컴퓨터는 성능이 뛰어나고 키보드와 큰 모니터 덕분에 생산적인 업무를 하고 대용량의 정보를 처리하는 데 적합하다.

반면 스마트패드는 컴퓨터로 생산된 콘텐츠를 학습하고 참고할 수 있도록 해준다. 그러니 여기에 스마트폰까지 가세해 '생산(컴퓨터)→ 접근(스마트폰) →소비(스마트패드)'의 3단계를 거쳐 업무환경을 더욱 스마트하게 바꿀 수 있다. 이러한 업무환경은 이동 중에도 쉽게 사용할 수 있는 경량화된 휴대용 인터넷 기기(MID: Mobile Internet Device)와 모바일 인터넷의 빠른 속도 덕분에 급속하게 조성되고 있다.

스마트폰이 보여줄 업무력

이제 스마트 오피스 시대에 접어든 우리에게 스마트워크는 필수이며 그 핵심기기는 스마트폰이다. 스마트폰의 카메라와 마이크 그리고 가상 키보드와 다양한 센서 덕분에 원하는 정보를 현장에서 사진·음성·텍스트로 만들어낼 수 있다.

굳이 회사로 들어와서 컴퓨터를 켜고 디지털 카메라로 촬영한 사진을 컴퓨터로 전송하거나, 메일 하나 확인하기 위해서 늦은 밤 침대에서 일어나 컴퓨터를 부팅해서 메일을 확인할 필요가 없다. 이처럼 스마트폰은 인터넷에 즉각 연결할 수 있음으로써 정보의 접근성을 극대화했다.

게다가 컴퓨터는 공간을 많이 차지할 뿐 아니라 초기 구매비용과 유지 및 운영비용이 비싸다. 그렇다 보니 앞서 언급했듯이 컴퓨터는 보급대수가 약 3,000만 대인 반면, 휴대전화는 5,000만 대나 된다. 컴퓨터에 비해 저렴하다 보니 전 국민 대다수가 사용할 만큼 가장 많이 보급된 것이다.

게다가 스마트폰은 이미 2,000만 대 이상 보급되었으며 2012년까지 총 3,500만 대 이상 보급될 것으로 예상된다. 컴퓨터와 달리 추가비용

을 많이 들이지 않고도 디지털 오피스에서 스마트 오피스로 업무환경을 바꾸어놓기 충분하다.

스마트폰이 보여줄 스마트워크의 가장 큰 변화는 속도다. 언제나 즉시 인터넷에 연결될 수 있으니 정보 접근성이 뛰어나 의사결정이 빠르고 명확해질 수 있다. 현장에서 사무실로 정보를 바로 전송할 수 있을 뿐 아니라 현장에서 필요한 정보를 즉각 확인할 수도 있다.

실제로 도시철도공사 직원들은 스마트폰으로 지하철역의 승차권 발매기를 점검하는 등 지하철 운행업무 전반에 스마트폰을 활용하고 있다.

또한 스마트폰을 통한 스마트워크는 투명한 업무관리를 보장해 줄 것이다. 스마트폰에는 수많은 센서가 있으며 24시간 인터넷에 연결되어 있는데, 이러한 센서가 자동으로 주변의 정보를 인식하고 이것을 이용해 사용자에게 좀 더 쉽고 편리하게 자신의 상황에 맞는 서비스를 이용하도록 도와준다.

물론 이 같은 사용자의 상황, 상태에 대한 정보 즉, 사용자의 모든 사용기록은 회사의 클라우드(서버)에 보관된다. 컴퓨터보다 더 상세한 정보들이 클라우드에 기록되는 것이다. 이러한 업무내역은 추후 업무점검이나 문제점에 대한 파악 및 진단의 근거가 되기도 한다.

반대로 이처럼 투명하게 모든 정보가 관리되다 보니 개인의 사적인 정보유출 등의 문제를 낳을 수도 있다. 동전의 양면처럼 모든 편리함 뒤에는 우리가 극복해야 할 문제가 있게 마련이니, 이 부분을 보완할 앞으로의 대책이 필요할 것이다.

6

업무를 좌우하는
정보 검색력과 창의력

기술이 발달하면서 스마트 오피스 시대를 살아가게 된 지금, 우리는 그저 이러한 기기의 이점을 누리기만 하며 살 수 있을까? 혹시 오히려 인간의 기억력이 퇴화하거나 인간을 대신할 만큼 뛰어난 기기가 등장하지는 않을까?

사실 컴퓨터에 의존하는 일이 많아지면서 우리의 기억력은 퇴화하고 있다. 굳이 기억하지 않아도 검색만 하면 원하는 정보를 얻을 수 있기 때문이다.

휴대전화에 수십, 수백 명의 번호를 모두 기록할 수 있으니, 11자리나 되는 번호를 굳이 기억할 필요가 없다. 기록해 두고 필요할 때 검색해서 불러낼 수만 있으면 그만이다.

— 모든 것은 '기억' 대신 '저장'된다

자신의 하루 일과를 되짚어보자. 아침에 집을 나서면서부터 엘리베이터와 아파트 정문, 거리와 지하철, 버스 등에 설치된 수많은 CCTV가 우리의 모든 일상을 기록한다. 컴퓨터나 스마트폰으로 자료를 검색하고 작성하며 사용한 모든 인터넷 내역도 기록된다.

15년 전 어느 신문 사회면 한 귀퉁이에 실린 기사를 찾기 위해 더 이상 도서관에 갈 이유가 없다. 네이버의 디지털 뉴스 아카이브에는 1960년~1999년(계속 기간 확장 중)의 신문이 원본 그대로 보관되어 있다.

미니홈피와 페이스북에는 개인의 삶이 수많은 사진과 글 그리고 친구들과의 수다와 함께 쌓여간다. 일기를 쓰지 않아도 3년 전 내가 어디서 무엇을 했고 무슨 고민을 했는지 알 수 있다. 이처럼 현실계의 모든 경험은 디지털화되어 가상계의 어딘가에 고스란히 저장된다.

직장생활을 하면 업무경험에 비례해 컴퓨터 하드디스크에 데이터도 쌓여간다. 그 데이터에는 직장생활 수년의 업무기록이 담겨 있다. 각종 프로젝트 관련 서류와 보고서, 수많은 메일 속에 직장생활의 애환과 지식이 녹아 있다. 물론 그 기록이 모두 머릿속에 저장되어 있을 리는 없다. 오히려 하드디스크에 있는 많은 데이터들이 인간의 부족한 기억력을 보강해 준다.

반면 스마트폰에는 일상에 대한 모든 것들이 자동으로 기록된다. 컴퓨터에는 우리가 의도적으로 만든 데이터가 저장되지만 스마트폰에는 자동으로 우리의 삶이 저장된다. 즉, 휴대전화를 들고 다니며 자신에게 일어난 일들을 저장하다 보니, 시간의 흐름과 함께 사용자의 일상이 기록되는 것이다.

여행을 가면 스마트폰으로 여행지의 경치를 촬영해 저장하며, 수많은 지인들과 통화한 내역은 자동으로 기록된다. 이를 통해 최근에 누구와 자주, 많이, 오랫동안 통화했는지 알 수 있다. 즉, 통화기록을 통해서 관계의 노드(node)를 알 수 있다.

그만큼 스마트폰에는 일상의 많은 내용이 기록된다. 굳이 우리가 기억하려 들지 않아도, 일부러 저장하려 하지 않아도 자동으로 삶의 로그(log)가 스마트폰에 축적되어 간다.

창의력이 존중받는 시대

이제 기억력이나 정보력, 정리력보다 더 중요한 역량은 다름 아닌 '창의력'이다. 머릿속에 정보를 많이 기억하는 것보다는 외부의 정보를 수집해 상상력을 바탕으로 기발한 생각을 만들어내는 창의력이 존중받는 시대다.

산업혁명 이후 대량생산 시대에는 공장에서 똑같은 상품을 많이 생산하면 모두 소비가 되었기 때문에, 기계처럼 반복되는 작업을 잊지 않고 실행할 수 있는 근성과 성실함만 있으면 되었다. 하지만 디지털의 보급과 함께 정보화 사회가 된 지금, 소비자는 판에 박힌 똑같은 상품이 아니라 과거에 없던 새로운 상품을 원하고 있다.

이제는 다품종 소량생산의 시대로 바뀌어, 똑같은 상품을 많이 생산하기보다는 다양한 제품을 생산하게 되었다. 소량만 생산해도 부가가치가 높아 더 큰 수익을 기대할 수 있기 때문이다. 따라서 이 시대에 필요한 것은 독창적인 아이디어를 바탕으로 한 기발한 상품이다.

결국 수많은 정보를 기반으로 독창적인 아이디어를 내는 창의력이 중요한 가치로 자리 잡았다. 이러한 창의력은 정보를 기억하는 능력이 아니라 머릿속에서 잘 섞고 비벼서 새로운 것을 만들어내는 능력이다. 이는 성실함이나 암기력보다는 분석력·논리력·상상력에서 기인한다.

정보 검색력 위에서 창의력은 꽃핀다

그렇다면 창의력의 원천은 무엇일까? 한국의 대표음식인 비빔밥을 예로 들어보겠다. 비빔밥의 맛은 재료에서 결정된다. 아무리 맛있어 보이게 잘 섞고 비벼도 재료 중에 상한 것이 있으면 맛이 날 리가 없다.

창의력 역시 마찬가지다. 창의력의 원천이 되는 데이터가 부족하거나 문제가 있으면 제대로 된 아이디어가 나올 수 없다. 그렇기에 정보에 빠르게 접근하고 원하는 정보를 정확하게 찾아내는 정보 검색력은 중요할 수밖에 없다.

효율적인 정보검색은 적절한 검색엔진의 선택에서 비롯한다. 검색엔진 하면 흔히 아는 네이버, 다음 같은 포털만 생각하는 경우가 많은데, 사실은 그렇지 않다. 구글 같은 전 세계를 대상으로 한 엔진과 각 언론사 사이트에서 뉴스기사만을 대상으로 한 분야별 검색까지 다양하다. 통계청, 방송통신위원회, 삼성경제연구소 등의 국가기관과 연구소 홈페이지를 이용해 차별화된 정보를 찾을 수도 있다.

일반적으로 한 기업에 대한 자세한 분석을 하기 위해 정보를 검색할 때 해당 회사명을 네이버 같은 포털엔진의 검색창에 입력해 보자. 그 기업과 관련된 최근 보도자료와 신문기사, 경제 전문지의 특집기사 그리고 해당 기업의 상품과 서비스에 대한 각종 블로그와 카페에 올라온 사용자들의 이야기를 한눈에 볼 수 있다. 그리고 이를 통해 기업에 대한 이모저모를 찾아볼 수 있다.

여기서 끝이 아니다. 만일 그 기업이 주식시장에 상장된 기업이라면 전자공시시스템http://dart.fss.or.kr을 통해서 기업이 공개한 상세한 기업의 재무상태와 주요 사업전략을 알 수 있다. 또한 잡코리아 같은 취업 사이트를 통해서 그간 채용공고 내역을 확인해 기업이 어떠한 인재를 찾고 어떤 사업에 투자를 하려는지도 추측할 수 있다. 이렇게 다양한 검색엔진으로 기업에 대한 많은 정보를 확인할 수 있다.

이처럼 검색은 TV를 보는 것보다 더 가깝고 중요한 일상이 되었다. 게다가 스마트폰 덕분에 더욱 빈번해졌다. 대한민국에서 하루 발생하는 검색쿼리(검색창에 입력되는 검색어의 수)만 해도 5,000만 개가 훌쩍 넘을 정도다. 무엇이든 궁금하면 바로 검색을 하는 것이 자연스러운 현상이 된 것이다. 그리고 이러한 검색어를 들여다보면 트렌드를 파악하는 데 도움이 된다.

다음의 트렌드차트http://goo.gl/SGICF를 이용하면 검색어를 입력한 수치와 사람을 비교, 분석할 수 있다. 예를 들어 다음에서 그동안 '민주당과 한나라당'이라는 단어 중 더 많이 검색된 단어와 그 검색어를 입력한 사람들의 연령·거주지·성별 분석이 가능하다.

구글트렌드http://www.google.com/trends는 특정 키워드를 서로 비교해서 기간별로 어떤 키워드가 더 많이 검색되었는지 알려준다. 예를 들어 '삼성, 애플'로 검색해 보면 '삼성과 애플'이라는 검색어의 검색량을 시간순으로 분석할 수 있다. 특정 기업을 비교해서 사람들의 관심사를 추적하는 것이다. 이러한 데이터를 기반으로 사람들의 관심분야가 무엇이고 이것이 어떻게 흘러가는지 추적해 볼 수 있다.

우리는 나이가 들면서 여러 가지 경험을 하게 된다. 그리고 그 경험을 통해 습득한 정보가 기억 속에 저장되고, 이것이 숙성되면 지식이 된다. 지식은 다시 정보와 만나 지혜를 잉태한다.

아무리 정보가 누구에게나 공개되어 있어도 그것이 아무에게나 보이는 것은 아니다. 사람에 따라 정보에 접근하는 속도와 범위가 천차만별이기 때문이다. 그러니 이제부터라도 자신의 정보 검색력을 높이는 데 주력해서 스마트 시대의 역량을 키워가자.

7

유비쿼터스의 최종 출력장치, 스크린을 컨트롤하라

그렇다면 차고 넘치는 정보에 우리는 어떤 식으로 접근하고 있을까? 사실 세상은 정보만 넘쳐나는 것이 아니다. 40인치가 넘는 TV에 이어, 20인치의 컴퓨터 모니터와 4인치의 스마트폰 화면까지 곳곳에 스크린이 있다. 이러한 각종 스크린에서 우리는 정보를 쉽게 볼 수 있다. 결국 최종적으로 인간의 눈에 정보를 가시화하는 이 스크린을 잘 활용할 수 있어야 정보에도 효율적으로 접근할 수 있게 된다.

이제 한때 신조어로 각광받던 '유비쿼터스(Ubiquitous)'가 당연한 일상이다. 주위의 사물마다 컴퓨터가 내장되어 네트워크를 통해 사용자가 원하는 정보와 서비스를 쉽게 얻을 수 있으니 말이다.

이 장에서는 이러한 유비쿼터스의 최종 출력장치 즉, 스크린이 우리에게 미치는 영향과 이를 대하는 우리의 태도에 대해 알아보고자 한다.

— 스크린 홍수

아침 출근 이후 퇴근할 때까지 우리가 만나게 되는 스크린은 몇 대나 될까? 집에 있는 TV와 컴퓨터, 그리고 항상 들고 다니는 스마트폰, 버스와 지하철에 있는 작은 TV, 회사 엘리베이터 속 LCD TV, 길거리와 버스정류장 그리고 지하철역에서 볼 수 있는 커다란 디지털 사이니징(대형 스크린)까지 수많은 스크린이 있다. 개인이 소유한 스크린은 TV, 컴퓨터, 스마트폰 그리고 내비게이션 정도이지만, 앞으로 우리가 접하게 될 스크린은 더욱 많아질 것이다.

대표적인 것이 스마트패드다. 노트북보다는 작고 스마트폰보다는 크기 때문에 스마트폰처럼 이동 중에 사용하기는 부담스럽지만, 휴대하며 고정된 장소에서 사용하기는 적합하다. 그리고 가전기기에도 점차 작은 스크린이 내장될 것이다. 냉장고·세탁기·에어컨·전자레인지 등에 작은 스크린이 탑재되어 스크린을 통해 기기의 상태를 확인하고 부가 정보를 얻게 될 것이다.

스크린이 있다는 것은 거기에 정보가 표시된다는 것을 뜻한다. 그 정보는 물론 우리가 필요로 하는 내용일 것이다. 따라서 보다 많은 정보에 효과적으로 접근하려면 곳곳에 있는 스크린을 통제할 수 있어야 한다. 만약 문명의 이기인 스크린을 제대로 통제하지 못하면 정보를 얻기는 커녕 더 혼란스러워 원하는 정보마저 제대로 얻지 못하게 될 것이다.

― 호기심, 스크린과 사랑에 빠지다

이처럼 하루가 다르게 늘어가고 있는 새로운 스크린을 빠르게 받아들이지 못하면 정보에 대한 접근성이 떨어져 정작 필요한 정보를 빠르게 확인할 수 없게 된다. 새로운 도구에 대한 관심과 호기심이 커야만 이를 두려움 없이 빨리 받아들여 스마트워크에 활용할 수 있다.

사실 누구나 첫 소개팅, 첫사랑에 대한 추억이 있을 것이다. 처음 만나는 인연에 대한 설렘과 그를 알아갈수록 느끼는 짜릿함, 즐거움은 그 어떤 고통과 기다림도 인내할 수 있게 해준다. 이러한 사랑에 대한 무한한 인내와 도전의 원천은 바로 호기심이다. 호기심이 소멸하면 사랑도 식상해 지고 도전과 인내도 사라진다.

새로운 기술과 도구에 대한 호기심 역시 마찬가지다. 호기심이 있다 보니 그 기술을 이해하기 위해 노력을 꾸준히 하게 되고 이를 통해 스마트워크의 환경을 조성할 수 있다. 또한 호기심으로 사물을 대하는 태도에서 업무역량은 싹트기 시작한다. 그것은 비단 기술에 대한 호기심뿐 아니라 업무 자체에 대한 호기심, 사람에 대한 호기심도 포함된다.

물론 호기심이 과해서 기술을 이해하는 것이 수단이 아닌 목적이 되어선 안 된다. 진정한 목적은 일을 스마트하게 하는 업무력 향상이지 도구를 잘 쓰는 능력 자체가 아니다.

이제 변화를 두려워하지 말고 호기심으로 자신의 환경을 둘러보자. 우선, 당신에게 향해 있는 수많은 스크린부터 애정 어린 눈으로 관찰해 보면 어떨까?

8

클라우드가 만든
무제한의 공간

무엇이든 많아지면 때로는 짐이 된다. 재미나 필요에 의해 모아둔 각종 물건이 이사를 가려고 보면 정리하기 막막한 큰 짐으로 변해 있을 때가 있다.

디지털로 저장된 우리의 데이터 역시 그 양만 생각하면 마찬가지다. 오히려 현실계 속의 아날로그에 비하면 가상계 속의 디지털은 재화가 무한하기에 그 양을 가늠조차 할 수 없다.

하지만 모든 데이터는 언제든 복제되어 단숨에 지구 반대편으로 흘러갈 수 있다는 장점이 있다. 그렇기에 가상계의 데이터는 서비스로 포장되어 쉽게 빌려서 사용할 수 있다. 유한한 공간에 '내 것'으로 보관하기 위해 전전긍긍할 필요가 없는 것이다.

―― 소유의 부담에서 해방되다

소유는 부담을 가져온다. 내 것으로 가지는 일보다 소유한 것을 유지하는 일이 더 어렵다. 뺏기지 않고 소멸되지 않도록 유지하기 위해, 처음 가지려 할 때보다 더 많은 노력을 들여야 한다.

컴퓨터에 저장된 수많은 데이터 역시 내가 소유한 것이기에 이를 관리하는 데 들어가는 비용이 상당하다. 우선 컴퓨터를 잃어버리지 않아야 하며, 고장 나지 않도록 신경 써야 한다. 행여나 컴퓨터가 고장 나면 그간 애써 작업하고 수집한 데이터를 몽땅 잃을 수도 있다.

게다가 우리가 사용하는 디지털 기기가 많아지다 보니 각각의 기기마다 데이터를 복사·전송하는 데 들어가는 스트레스가 상당하다. 회사 컴퓨터에서 작성하던 문서를 집으로 가져와 사용하려면 USB를 이용해 파일을 복사해야 하는데, 이렇게 몇 번을 반복하다 보면 어떤 파일이 최근에 수정한 파일인지 헷갈릴 수 있다. 이처럼 무엇인가 소유하면 그만큼 관리비용이 발생하게 마련이다.

비단 파일만의 문제가 아니다. 컴퓨터를 소유하게 되면 컴퓨터를 운영·관리하는 데 소소한 신경이 쓰이게 된다. 필요한 소프트웨어 설치, 사용하면서 발생하는 고장, 주기적인 업그레이드 등 신경 쓸 일이 한두 가지가 아니다.

그런데 이러한 부담에서 해방시켜 주는 것이 클라우드(Cloud)다. 이는 소유에 대한 부담을 줄여줌으로써 업무에 더 집중할 수 있도록 도와주는 솔루션이다.

10여 년 전만 해도 이러한 서비스는 상상할 수 없었다. 사실 컴퓨터가 고장 나거나 인터넷이 되지 않으면 업무가 마비되기 일쑤였다. 컴퓨터 없이는 업무가 불가능하다 보니 컴퓨터를 사용하지 못하는 상황이 발생하면 속수무책이었다. 아니 컴퓨터를 사용할 수 있어도 인터넷이 되지 않으면 업무를 보기 어렵기도 했다. 그만큼 업무환경에서 디지털이 차지하는 비중이 높았다.

그런데 앞으로는 컴퓨터와 인터넷이 스마트폰과 무선 네트워크로 보완되면서 컴퓨터와 인터넷 없이도 업무를 보는 데 지장이 없게 될 것이다. 클라우드 서비스 덕분에 업무 그 자체에 더 집중할 수 있는 업무환경이 마련된 것이다.

— 클라우드, 보이지 않는 나만의 저장고

그렇다면 이 클라우드란 구체적으로 어떤 서비스일까?

컴퓨터 속에 저장된 파일은 크게 세 가지 종류로 나뉜다. 첫째는 컴퓨터를 조작하기 위해 필요한 운영체제와 관련된 시스템 파일이고, 둘째는 자신의 특성에 따라 필요한 소프트웨어가 사용하는 프로그램 파일이며, 마지막으로는 문서·이미지·동영상 등의 데이터 파일이다.

이 중 시스템 파일과 프로그램 파일은 손상이 되더라도 다시 설치하면 된다. 하지만 데이터 파일은 고유한 것이기 때문에 손상되었을 경우 대체할 방법이 없다. 그렇다 보니 데이터 파일을 안전하게 보관하기 위한 보안·백업·보관·복구 등의 기술이 꾸준히 진화하고 있다.

중요한 데이터 파일은 내 컴퓨터에만 저장할 것이 아니라 인터넷 어딘가에 이중으로 저장해 두면 안심이다. 또한 인터넷에 저장을 해두었기에 다른 컴퓨터 혹은 스마트폰 등의 기기에서 필요할 때마다 꺼내어 사용할 수도 있다. 이렇게 인터넷에 데이터를 저장해 두고 여러 기기에서 꺼내어 사용하면서 데이터를 수정하면 모든 기기에 수정된 내용이 반영되는 서비스를 가리켜 '클라우드 서비스'라고 한다.

또한 컴퓨터를 잃어버려도 클라우드에 저장된 데이터 덕분에 그간 쌓아둔 데이터를 쉽게 복원할 수 있다. 사실 지갑을 잃어버렸을 때 걱정이 되는 것은 지갑 자체보다 지갑 안에 들어 있는 신분증과 카드, 현금이다. 마찬가지로 컴퓨터보다 중요한 것은 컴퓨터 안에 저장된 데이터다. 그런데 이 서비스를 통해 데이터를 안전하고 효율적으로 관리할 수 있게 되는 것이다.

이는 마치 구름 속에 파일을 저장해 두고 사용자가 필요로 하는 기기에서 꺼내 사용할 수 있도록 해주는 서비스로, 마치 전기나 수도처럼 서비스를 사용한 만큼 비용을 지불한다. 소유하지 않고 빌리는 것이기에 초기 구입비가 들지 않고, 유지·운영·관리에 들어가는 비용 또한 저렴하다.

대표적인 클라우드 서비스로는 웹하드가 있다. 웹하드는 웹에 파일을 저장하고, 이 파일을 여러 대의 컴퓨터와 스마트폰에서 접근해 사용할 수 있도록 해준다. 이외에도 KT의 U클라우드·LG유플러스의 U+Box·네이버의 N드라이브·다음의 다음클라우드 등이 있으며, 드롭박스·슈가싱크 등도 있다. SKT의 '호핀(hoppin)'이라는 서비스는 스마트폰·TV·스마트패드 등에서 호핀이 제공하는 동영상을 계속 이어서 볼 수 있는 클라우드를 제공하고 있다.

그런데 이처럼 클라우드 서비스가 활성화되면 컴퓨터 하드디스크는 더 이상 용량이 클 필요가 없어진다. 즉, 하드디스크 제조업체의 비즈니스 모델이 바뀔 수 있다는 것이다. 그렇다 보니 모바일 시장의 성숙과

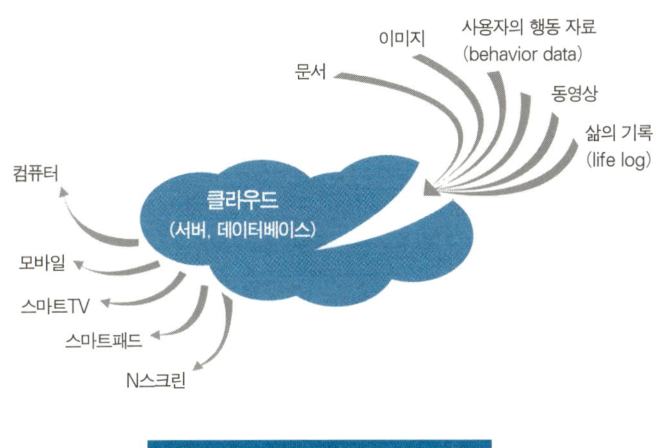

모든 데이터를 빨아들이는 클라우드

함께 각종 통신사와 포털에서 클라우드에 대한 투자를 너도나도 공격적으로 하고 있다. 마트와 백화점을 온라인 쇼핑몰이 대신하게 된 것처럼, 새로운 기술의 등장이 현실계의 산업에 지대한 영향을 주고 있다.

웹 만능시대, 무엇이든 컴퓨터를 대신한다

클라우드 서비스는 어찌 보면 웹의 다양한 기능 중 일부라고도 할 수 있다. 당신이 컴퓨터를 켜고 처음 실행하는 소프트웨어가 무엇인지 생각해 보라. 아마 대부분 인터넷 익스플로러(혹은 파이어폭스, 크롬) 같은 웹 브라우저일 것이다.

웹 브라우저를 통해서 필요한 정보를 검색하고 뉴스와 동영상을 본다. 어떤 사람은 웹을 이용해서 문서를 작성하거나 보기도 한다. 웹 오피스를 이용하면 MS 오피스처럼 파워포인트·엑셀·워드 같은 서비스를 이용할 수 있다. 그렇다 보니 윈도우에 설치한 소프트웨어가 달랑 웹 브라우저 하나뿐이어도 불편함이 없다.

이제 우리는 윈도우보다 웹 브라우저에 더 친숙해지고 있다. 컴퓨터 학원에서는 윈도우 사용법보다는 인터넷 사용법을 더 많이 가르친다. 웹에서 메일을 보내고 정보를 찾고 문서를 보고 음악을 들으며 TV를 볼 수 있다. 컴퓨터에 설치된 윈도우보다 웹 브라우저를 더 많이 사용

네트워크 컴퓨터 시대의 도래

네트워크 컴퓨터(NC: Network Computer)는 1990년대 후반에 오라클에 의해 등장한 개념으로, 컴퓨터를 네트워크에 연결해 네트워크 자원을 활용하여 컴퓨팅을 할 수 있도록 만든 최소 사양의 컴퓨터다. 유사한 것으로 신 클라이언트(thin client), 넷 컴퓨터 등이 있었다.

하지만 인터넷 속도가 충분히 뒷받침되지 못하고, 워낙 저렴한 가격으로 고사양의 컴퓨터를 살 수 있었기에 NC는 2010년 이전까지 주목받지 못했다. 그러다 2010년부터 구글의 크롬 브라우저 기반의 OS, 웹 앱 등의 웹 기반 기술이 발전하고 인터넷의 속도가 빨라지면서 재조명받고 있다.

앞으로 우리가 사용하는 컴퓨팅 기기가 많아지기 시작하면서 이처럼 인터넷을 이용해 중앙의 컴퓨터(서버)에 모든 데이터와 서비스를 저장해 두고 필요할 때마다 내가 선택한 기기에서 사용하는 개념이 일반화될 것이다.

하고, 웹의 통제 아래 있는 서비스가 늘어가고 있다.

우리의 업무환경도 웹에서 제공하는 것이 점차 늘어나 일반화될 것이다. 검색과 메일뿐 아니라 메신저, 문서작성, 편집, 결재 등 보다 많은 일이 웹을 통해서 이루어질 것이다.

그렇게 되면 우리가 사용하는 컴퓨터는 그저 TV처럼 빈 깡통에 불과한 존재가 된다. 안방에 있는 TV나 호텔에 있는 TV나 어디서든 우리가 보고 싶은 방송을 볼 수 있는 것처럼, 웹을 사용할 수 있는 어떤 기기에서나 우리가 사용하던 서비스를 그대로 쓸 수 있게 될 것이다.

결국 이런 컴퓨팅 환경이 도래하면 컴퓨터의 사용 및 운영에 들어가는 비용과 투자를 줄일 수 있게 된다.

정보에 가치를 불어넣는 데이터베이스화

내가 그의 이름을 불러주기 전에는

그는 다만

하나의 몸짓에 지나지 않았다.

내가 그의 이름을 불러주었을 때

그는 나에게로 와서

꽃이 되었다.

김춘수 시인의 「꽃」이라는 시의 한 구절이다. 존재의 가치는 이름을 불러주어 인식할 때 시작된다는 중요한 진리를 간결하게 담아낸 멋진 표현이다. 그런데 이런 추상적이고 낭만적인 개념은 디지털 사회의 데이터에도 동일하게 적용된다.

우리는 잡동사니를 아무렇게나 모아놓고 '데이터'라고 하지 않는다. 언제 어디서나 자신이 필요할 때 바로 사용할 수 있도록 체계적으로 분류, 관리해 놓은 것을 '데이터'라고 한다. 데이터의 존재가치는 데이터베이스로 인덱싱(indexing)될 때 시작되는 것이다.

— 정보, 지식, 지혜로의 변화

우리 주변에서 수집 가능한 데이터는 정보의 형태로 존재한다. 이 정보가 사람의 두뇌에 입력되면 각자가 가진 경험의 차이에 의해 숙성되어 지식으로 쌓인다. 그리고 이 지식이 축적되면 점차 지혜가 된다. 이러한 변화과정 속에서 자연스럽게 우리의 업무역량도 성장한다.

데이터는 도처에 있고 누구에게나 개방되어 있다. 컴퓨터와 인터넷의 등장으로 누구나 인터넷에 공개된 데이터에 접근할 수 있다. 2000년경에만 해도 '정보검색사 자격증'이라는 것이 있을 정도로 데이터에 접근하는 것이 쉬운 일이 아니었다. 하지만 검색엔진의 진화로 이제는 누구나 데이터에 쉽게 접근할 수 있다.

이제는 데이터에 접근하는 것이 문제가 아니라, 데이터를 체계적으로 구분, 분류하는 것이 더 중요해 졌다. 데이터가 잘 분류되어 있지 않으면 검색엔진이 데이터를 수집하기 어렵다. 따라서 수집하기 어려운 데이터는 검색에 잘 노출되지 않거나 검색하더라도 검색결과의 맨 끝에 노출된다. 이러한 데이터는 사용자에게 도달할 확률이 줄어들게 마련이다.

반대로 사용자 역시 검색을 통해 수집한 데이터를 평소 체계적으로 구분하고 분류해서 인덱싱해 두는 것이 중요하다. 필요할 때에 빠르게 해당 데이터에 접근하려면 평소 데이터의 인덱싱이 중요하다. 또한 이 과정을 통해 데이터가 구조화되어 좀 더 머릿속에 체계적인 지식으로 각인되기 쉬워진다.

─ 데이터에서 지식을 발견하다

그렇다면 이제 데이터를 정리, 구조화하는 구체적인 방법에 대해 알아보자. 우선 신문을 활용하는 방법을 권하고 싶다. 신문기사에는 많은 사실과 숫자가 담겨 있어 데이터로 활용하기에 효과적이다.

그런데 기사에 담긴 정보는 누구에게나 같은 내용이지만, 그것을 소화해서 뇌에 지식으로 쌓는 질과 양은 사람에 따라 모두 다르다. 같은 정보더라도 이를 해석하는 방식과 이해하는 정도가 다르기 때문이다. 각자의 경험과 그 경험을 통해 습득한 지식의 차이가 이해의 차이를 낳는다.

물론 자신이 경험과 지식이 부족하다고 이러한 방법을 포기해서는 안 된다. 이는 부단한 노력과 학습을 통해 데이터에 담긴 속뜻을 다양하게 접근하면, 비록 지식이 부족하더라도 많은 것을 들여다볼 수 있다.

그런 면에서 데이터를 수집할 때는 하나의 사실에 대한 다양한 평가를 관찰하는 기술이 필요하다. 하루에도 수천, 수만 개의 뉴스기사가 보도되는데, 이 뉴스들을 잘 들여다보면 같은 사실을 다양한 시각으로 분석하고 있음을 알 수 있다.

더 나아가 뉴스가 생산한 기사는 신문사설, 블로그 등에서 비판과 분석을 통해 다양하게 재해석된다. 이렇게 같은 사실이라도 다양하게 되새김질된 글을 읽다 보면 데이터 속에 숨겨진 진실을 깨닫게 되고 이것이 지식을 쌓는 데 큰 도움을 준다.

'마이크로 블로그'라 불리는 트위터 역시 큰 도움이 된다. 여기에는 140자의 짧은 글과 사진, 영상 그리고 특정 웹페이지의 URL이 함께 기록된다. 대체로 많은 사람들에게 이슈가 된 글, 사진, 영상에 대한 소개와 코멘트를 올리는데, 비록 짧은 내용이지만 그 안에 지혜가 담겨 있는 경우가 있다. 통찰력 있는 말 한마디는 수십 개의 문장, 수백 페이지의 글보다 더 강력한 혜안을 길러준다.

─ 정리되지 않은 데이터는 무가치하다

도서관 서가에 꽂힌 수만 권의 책이 제대로 분류되어 있지 않다면 어떨까? 책 하나를 찾는 데 필요 이상의 시간을 허비해야 할 것이다. 데이터 역시 마찬가지다. 체계적으로 분류해서 데이터베이스화해야만 가치가 있다. 데이터 그 자체만으로는 아무런 도움이 되지 않는다.

최근까지만 해도 자료 복사·정리·수집·배포 같은 일은 신입사원의 몫이었다. 수많은 회의에 반드시 필요한 회의자료는 회의를 시작하기 전 신입사원이 참석인원에 맞춰 복사해서 준비해야 했다. 각종 업무보고 자료와 회의록, 사업전략과 마케팅 기획안, 경쟁사의 벤치마킹 자료를 정리하는 일 역시 신입사원이 도맡았다.

사실 이러한 업무가 그저 허드렛일만은 아니다. 소림사에서도 무술에 입문하면 물을 기르고 장작을 패면서 기본 체력과 안 쓰던 근육을 강화하게 마련이다. 복사를 하고, 서류를 정리하는 것은 업무를 파악하기 위한 첫걸음인 것이다. 특히 서류를 정리하면서 자연스럽게 업무 전반을 이해할 수 있다. 데이터를 데이터베이스화하면서 자연스럽게 업무의 종류와 내역을 확인할 수 있기 때문이다.

나무를 베기 전에 숲을 보게 되면 잘려져 나가는 나무가 숲을 어떻게 변화시키는지 쉽게 파악할 수 있듯이, 업무 전반을 이해한 후 세부내용을 다루면 업무의 방향과 흐름을 볼 수 있는 눈이 생긴다.

넘쳐나는 명함, 언제까지 ㄱㄴㄷ순으로 정리할까?

데이터베이스의 중요성은 명함을 정리할 때도 찾을 수 있다. 사람들은 대부분 명함을 ㄱㄴㄷ순으로 명함집에 보관한다. 혹은 만난 날짜순으로 꽂기도 한다. 하지만 이렇게 정리해서는 원하는 사람을 빠르게 찾아보기 어렵다. 명함을 데이터로 보고, 이를 데이터베이스화해서 명함을 정리하면 좀 더 보기 쉽고, 찾기 쉽게 정리할 수 있다.

최근에는 명함 스캐너가 있어 명함을 자동으로 스캔해 디지털로 명함을 기록하고 자동으로 분류, 관리할 수 있도록 해준다. 명함을 디지털로 정리하면, 단 한 번의 검색으로 원하는 사람을 빠르게 찾을 수 있어 편리하다. 이런 작업이 아직 부담스럽다면, 디지털은 아니더라도 최소한 분류별(직급·회사·직무 등)로 정리해 두자. 내가 어떤 종류의 사람을 많이 만났는지 한눈에 파악할 수 있을 것이다.

10

평생 일을 좇아, 멀티플레이하는 직장인

스마트폰으로 촉발된 스마트 혁명은 지난 10년 동안의 변화보다 훨씬 더 빠르고 거대한 변화를 일으키고 있다. 새로운 시대에 직업관과 사무환경은 완전히 달라졌다. 또한 고령화 사회가 되면서 이제는 사회생활의 전반전은 물론 후반전도 챙겨야 한다.

20대 후반에 회사에 입사해 60세 전후까지 사회생활을 하니 '약 30년'이라는 긴 세월을 직장에서 보내게 된다. 그런데 요즘은 수명이 90세를 넘는 경우도 많으니 직장생활을 그만두고도 30년이나 더 삶을 영위하는 셈이다.

따라서 전반 30년에만 급급할 것이 아니라, 후반 30년을 준비하는 태도를 가져야 한다. 일과 직장에 대한 생각과 태도 역시 바뀌어야 한다.

스마트워크는 비단 도구를 사용하는 스킬과 업무역량에서만 찾을 수 있는 것이 아니다. 진정한 스마트워크는 평생 즐거운 마음으로 현명하게 일하는 것, 즉 일에 대한 태도와 습관에 대한 것이다.

따라서 일을 바라보는 직업관과 자세가 현명하면 자연히 스마트하게 일할 수 있다. 결국 스마트워크의 시작은 직업과 일을 바라보는 올바른 안목과 끝없는 변화와 배움에 대한 갈구이고, 이를 실천해 가는 과정을 스마트한 도구들이 도울 것이다.

— 평생직장은 가고 평생직업만 남는다

IMF 이전만 해도 사람들은 '직장' 하면 평생 자신과 함께하는 것으로 인식했다. 첫 직장이 평생직장이 되었기에 첫 직장을 신중히 선택했고, 직장을 옮겨 다니는 것은 능력 없는 사람들의 피치 못할 선택이라고 평가절하했다.

하지만 IMF 이후, 이제는 평생직장에 대한 개념이 사라진 지 오래다. 오히려 능력 있는 사람이 스카우트 제안을 받으며 이직의 기회를 많이 얻고 있다. 회사가 개인의 고용을 평생 보장하고 고용인이 회사에 충성하는 것은 옛말이 되었다.

반면 '평생직업'에 대한 개념이 대두되고 있다. 직장은 평생 나를 책임지지 않지만 직업은 일생을 보장해 준다. 그렇기에 평생을 위한 직업을 준비해야 한다. 회사에 충성하는 것이 아니라 일에 충성할 수 있어야 하는 것이다.

매년 고공승진을 해가며 고액의 연봉 인상률을 보장한다면, 한 회사에 뼈를 묻고 한평생 근무하는 것도 행복한 일일 수 있다. 하지만 피라미드 구조의 회사에서 맨 꼭대기로 매년 올라갈 인원은 극소수로 정해져 있다. 게다가 큰 기업일수록 피라미드의 정점은 이미 낙점되어 있는 경우가 많아 밑바닥부터 최고의 자리로 오르는 일은 사실 바늘구멍을 통과하는 것과 같다. 그렇기에 직장에 의존하기보다 경쟁력 있는 직업에 의존해야 한다.

— 팔방미인이 환영받는 시대

이제 평생직업이 중요하다 보니, 해당 업무에 대한 '능력'이 무엇보다 중요해졌다. 그런데 이때 말하는 능력의 개념도 점차 바뀌고 있다. 노래를 잘하는 가수더라도 역량에 따라 MC를 하거나 연기자로 데뷔할 수도 있으며, 전혀 다른 분야의 산업에서 영업이나 마케팅 등의 업무를 볼 수도 있다. 어느 하나만 잘해서는 지속적으로 생존하기 어려운 시대가 되었기 때문이다.

즉, 팔방미인이 인정받는다. 전문성보다 다양성이 중요해졌다. 다양한 업무역량을 갖추고 있어야 변화의 속도가 빠르고 즉각적 대응과 문제해결 능력, 창의력 등을 요구하는 트렌드에 발맞출 수 있다.

즉, 스마트 시대의 전문성은 '다양성을 내포한 전문성'을 뜻한다. 오로지 하나만 잘해서는 안 된다. 한 우물만 파는 일자형 인재가 아니라 두 개 이상의 전문성을 갖춘 파이형 인재가 되어야 한다. 하나만 반복적으로 해서는 시장의 변화와 시대의 흐름을 따라가기 어렵다.

급변하는 사회에서 직장인을 무술을 배우는 수련자로 비유하면 30대의 직장생활은 무공비급을 연마하는 시기다. 품세와 초식을 익히면서 다양한 실전에 투입되어 경험을 쌓고 성장하게 된다.

그런데 그 무공은 지속적인 연마와 단련이 필요하다. 20~30대에 배운 무공만으로는 향후 20년을 보장할 수 없기 때문이다.

그렇게 하기 위해서는 자신의 직무 하나에만 관심을 가져선 안 된다. 다양한 업무에 종사하는 내부 동료 및 외부 파트너들과 적극적으로 소통하면서 그들의 일에 관심을 가지고 들여다보아야 한다. 또한 현재 소속된 기업의 산업군 외에 다양한 산업에도 관심을 가지고 경험을 쌓는 것이 중요하다. 그래야 향후 20년을 보장할 인생 2막을 제대로 준비할 수 있다.

— 스마트 시대의 인재

스마트폰은 직장인들이 무공비급을 연마하도록 도와준다. 하지만 스마트폰은 컴퓨터가 처음 보급되었을 때처럼 문화적 충격을 가져온 것이 사실이다. 1990년대 후반에 40대 이상의 아버지 세대가 컴퓨터를 배우는 것에 부담을 느꼈던 것처럼, 당시 20~30대가 지금 40대가 되어 똑같은 스트레스를 받고 있다. 스마트폰을 컴퓨터처럼 배워야 하는 부담감을 느끼는 것이다.

사실 스마트폰은 컴퓨터보다 더 사용이 까다롭고 복잡하다. 가장 큰 이유는 스마트폰의 기술이 완전히 정점으로 성장한 것이 아니기 때문이다.

게다가 애플이 만드는 아이폰, 구글의 안드로이드를 사용해서 개발된 삼성전자·LG전자·HTC의 안드로이드폰, MS의 윈도우모바일이 탑재된 윈도우폰, RIM의 블랙베리와 노키아의 심비안폰 등 종류가 다양하다. 종류가 많다 보니 사용법도 제 각각이다. 물론 맥과 윈도우가 서로 호환되지 않는 것처럼 이들 스마트폰은 서로 호환되지 않는다.

컴퓨터와 달리 스마트폰에 설치해서 사용하는 앱 또한 무척 많다. 컴퓨터에는 대체로 MS 오피스와 한글, 알집, 곰플레이어 정도만 설치해서 사용한다. 하지만 스마트폰에는 수십 개의 앱을 설치해서 사용한다. 각 앱마다 사용법도 다르니 복잡할 수밖에 없다.

하지만 시간이 흐르면 컴퓨터처럼 스마트폰도 보급이 확대되어 사용에 대한 장벽은 많이 사라질 것이다. 게다가 사용법도 더욱 쉬워지고 속도도 빨라질 것이다. 그때까지 기다리기보다 먼저 익숙해지면 스마트 시대에 환영받는 인재가 될 수 있을 것이다.

21세기 디지털 실크로드, 비즈니스가 바뀐다

산업혁명 이전에만 해도 세기(100년)가 바뀌어야 사회에 변화가 시작
되었다. 그런데 현대사회의 변화주기는 점점 짧아지고 있다. 100년이
10년으로 바뀌었고, 이제 그 기간이 더 짧아지고 있다. 10년이면 강산
도 변한다는 말이 무색할 만큼, 빠르게 변화하는 것이다.

세상을 뒤흔든 스마트 혁명의 시발점인 아이폰은 2007년 초 출시되었고,
이후 스마트 혁명이 비즈니스 생태계를 본격적으로 흔들기 시작한 것은
그로부터 3년 후인 2010년이다. 이 속도를 감안한다면, 앞으로 3년
안에 비즈니스 세계는 다시 한 번 변화할 것이다.

이제 우리는 변화한 환경이 비즈니스에 어떠한 영향을 주고 산업의 지
각이 어떻게 바뀌는지 이해해야만 그러한 사회의 구성원으로서 자신이
가져야 할 역량과 인성을 자각할 수 있다. 2부에서는 이러한 스마트워
크 시대를 맞아 우리의 산업구조와 기업이 어떻게 바뀌어가고 있는지
를 진단해 보고자 한다.

1

스마트 시대의
플랫폼 전쟁

스마트폰이 우리의 업무환경을 넘어 산업구조 전반에 미친 영향에 대해서는 1부에서 여러 차례 언급하였다. 그중에서도 주목할 점은, 스마트폰이 기존 컴퓨터와는 확연히 다른 비즈니스 모델을 가진다는 것이다.

이전에는 컴퓨터와 인터넷 시장의 산업간 경계가 명확했다. 컴퓨터를 만드는 제조업체(삼성전자·HP·DELL 등)와 초고속 인터넷을 제공하는 통신사(KT·하나포스·파워콤), 운영체제와 소프트웨어를 개발하는 회사(MS·한글과컴퓨터) 그리고 인터넷 서비스 업체(네이버·다음·구글) 간에 서로 경쟁할 이유가 없었다. 오히려 서로 돕는 식이었다.

컴퓨터가 많이 팔려야 소프트웨어도 함께 많이 팔릴 것이고, 그래야 초고속 인터넷 가입자가 늘어나고, 인터넷 가입자가 많아야 인터넷 서비스 트래픽도 늘 수 있었다.

하지만 모바일 시장에서는 이렇게 명확히 구분되던 각 산업의 경계가 사라지고 있다. 아이폰의 경우, 이를 제조하고 그 안에 들어가는 소프트웨어(iOS)를 개발하는 회사가 모두 애플이다.

아이폰에서 판매하는 음악이나 영화 등의 콘텐츠 유통 플랫폼(아이튠즈)과 소프트웨어를 유통하는 플랫폼(앱스토어) 역시 애플이 지배하고 있으며, 전자책 유통 서비스(아이북) 역시 애플의 소유다. 심지어 '모바일미(mobile me)'라는 애플의 인터넷 서비스는 메일·캘린더·주소록 등을 제공하고 있어 구글의 지메일, 구글캘린더 등과 경쟁한다.

구글의 안드로이드는 이와 달리 구글이 운영체제를 책임지고, 스마트폰 개발은 삼성전자·LG전자·HTC 등이 맡고 있다. 하지만 그 안에 작동되는 비즈니스 모델에 있어서는 구글과 삼성전자가 친구라고 말할 수 없다. 결국 서로 같은 비즈니스 모델을 지배하기 위해 경쟁하는 구도다. 스마트폰이 등장해 산업의 경계가 모호해지면서 무한경쟁 시대에 돌입한 것이다.

그런 면에서 구글이 모토로라 모빌리티를 인수한 사건은 무한경쟁 시대를 가장 잘 대변하고 있다. 애플이 '아이폰'이라는 하드웨어와 'iOS'라는 소프트웨어를 기반으로 플랫폼 시대를 대비한 것처럼, 구글 역시 '안드로이드'라는 소프트웨어에 맞는 하드웨어가 필요했기에 모토로라 모빌리티를 인수한 것이다.

또한 모토로라는 TV에 연결해서 사용하는 셋톱박스를 생산하고 있어, 구글이 개발하고 있는 구글TV OS(Operating System)를 이 셋톱박스에 탑재한다면 삼성전자·LG전자·소니 등의 TV 산업에 큰 위협을 줄 것이다. 이처럼 하드웨어를 만드는 제조사와 소프트웨어를 개발하는 소프트웨어 기업 그리고 인터넷 서비스를 제공하는 포털 등이 서로 영역에 구분 없이 플랫폼을 선점하고자 국경 없는 전쟁을 치르고 있다.

── '플랫폼을 가진 자가 세상을 지배한다'

디지털이 등장하며 주목받는 키워드는 '플랫폼'이다. 세계적으로 성공한 아마존·구글·페이스북·아이폰 그리고 한국에서 성장한 네이버·다음·옥션·지마켓이 모두 플랫폼에 속한다. 이제는 '플랫폼을 가진 자가 세상을 지배한다'고 말해도 과언이 아니게 되었다. 그렇다면 시대를 관통하는 플랫폼이 가져다준 게임의 법칙은 무엇일까?

원래 플랫폼은 기차 정거장처럼 서로 필요로 하는 둘(혹은 셋 이상)을 이어주는 것을 뜻한다. 기차 정거장에는 사람을 실어 나르기 위해 기차가 정차하고, 어딘가로 이동하기를 원하는 승객들은 정거장에서 기차를 기다렸다가 정차한 기차에 올라탄다.

정거장은 이동하길 원하는 사람과 수송하길 원하는 기차의 요구가 만나는 정점이다. 정거장이 있기에 기차는 보다 효율적으로 한꺼번에 많은 사람을 내리고 태울 수 있다. 승객들 역시 이곳저곳에 흩어져서 기차를 무작정 기다리지 않아도 된다.

게다가 플랫폼이 형성된 곳은 그 주변에 거대한 상권이 들어선다. 사람들이 많이 모이는 곳이기에 자연스럽게 상권이 발달하는 것이다. 정거장 주변에는 물건을 사고파는 백화점이나 마트, 편의점이 많으며 사무실과 아파트도 밀집되어 있다.

그렇다 보니 정거장이 만들어질 곳은 주변의 땅값이 뛰게 마련이다. 그리고 정거장을 만들고 유지하는 지하철공사와 도로공사는 이러한 사회기반 시설에 대한 막강한 장악력을 가지고 있다.

정거장과 정거장 사이에 놓여 있는 도로 혹은 철로도 생각해 보자. 이 도로와 철로의 규격은 표준화되어 있다. 만일 이것이 표준화되지 않았다면 도로마다, 철로마다 이동할 수 있는 차량과 기차가 다를 수밖에 없어 매우 비효율적인 결과를 낳을 것이다. 즉, 플랫폼은 표준화된 규격에 따라 설계되며 이러한 전체 구조의 표준화 덕분에 효율적으로 운용될 수 있다.

그렇다면 이 같은 플랫폼 전체를 소유하고 설계하는 것이야말로 토지·주거·운송·교통·상거래 등 거대한 산업 전체를 움직이는 권력이 아닐까? 결국 플랫폼 자체뿐 아니라 이를 둘러싼 전반적인 환경 모두를 장악하는 것, 이것이 바로 플랫폼에 숨겨진 게임의 법칙이다.

― 부와 영향력을 끌어모으는 온라인 플랫폼

그렇다고 플랫폼이 오프라인에만 존재하는 것은 아니다. 오히려 최근에는 온라인 플랫폼이 더 막강한 영향력을 행사하기도 한다. 거대한 웹(www) 역시 플랫폼이다. 웹은 HTML과 HTTP라는 표준도로에 의해 설계되어 있다. 그리고 거대한 정거장으로 다음·네이버 같은 포털이 있는가 하면 지마켓·옥션·인터파크와 같은 정류장도 있다. 사람들은 포털에 모여들어 찾고 싶은 자료를 검색하거나, 메일·카페·블로그 등을 사용한다. 그러다 보니 포털에는 항상 사람이 붐빈다.

이처럼 포털을 사람들이 많이 찾으면서 사람들이 필요로 하는 정보 역시 포털에 쌓여간다. 언론사와 수많은 콘텐츠 개발업체(음악·영화·부동산정보·금융정보 등)들은 앞다투어 포털에 콘텐츠를 제공하고, 사용자들은 더 많은 정보를 보기 위해 자연스레 포털을 찾는다.

이러한 선순환 효과에 의해 포털에는 더 많은 정보가 집중되고, 더 많은 사람들이 찾게 된다. 네이버의 경우, 하루 포털을 방문하는 사용자수는 1,000만 명을 훌쩍 넘는다. 5명 중 1명 꼴로 하루에 한 번은 네이버를 방문하는 것이다.

웹을 지배하고 있는 포털은 이 지배력 덕분에 부 역시 지배하고 있다. 네이버의 2010년 연간 매출은 1조 3,225억 원을 훌쩍 넘는다. 사람들이 많이 모이니 이렇게 모인 사용자들에게 광고도 보여주고, 전자상거래도 하고, 게임 서비스도 제공하며 아이템을 판매하는 등 다양한 비즈니스 모델을 구축할 수 있는 것이다.

오프라인 플랫폼은 구축과 유지비용이 많이 드는 반면, 온라인 플랫폼은 초기 투자비는 들지만 유지비용은 갈수록 줄어든다. 그런 이유로 네이버의 영업이익은 46퍼센트에 육박한다.

그렇다고 한국의 온라인 플랫폼을 지배하는 네이버가 처음부터 1위였던 것은 아니다. 오프라인과 달리 온라인 플랫폼은 매우 빠르게 변화한다. 그렇다 보니 변화에 즉각적으로 대처하지 못하면 금세 도태되고, 10년 이상 시장을 지배하기가 어려운 실정이다.

포털의 순위만 해도 1990년대 후반에는 외국 기업인 야후, 라이코스가 한국 웹 시장을 지배했다. 하지만 2000년에 들어서면서 다음이 1위 사이트로 시장을 장악했고, 2003년부터 네이버가 시장을 지배하며 1위로 등극했다.

온라인 쇼핑 플랫폼 역시 시장 초기에는 옥션이 지배하다가 지마켓으로 이어진 이후 11번가 같은 또다른 경쟁자가 주목받고 있다. 특히 웹의 시대에서 모바일 시대로 접어들면서 웹에서는 한국시장의 점유율이 형편없던 구글과 트위터, 페이스북 같은 외국 서비스들이 크게 성장하고 있다.

—— 더욱더 중요해지는 IT 플랫폼의 영향력

운수산업이나 교통산업에 종사하지 않는 사람이라도 자신의 집 앞 도로, 회사 앞 정류장이 어떻게 결정되는지는 관심을 갖게 마련이다. 마트·백화점·영화관 등의 위치 역시 모두의 관심사다. 이처럼 플랫폼은 알게 모르게 우리의 삶은 물론 산업 전반에 막강한 영향력을 행사하고 있기 때문에 해당 분야의 종사자가 아니더라도 누구나 관심을 가질 수밖에 없다.

이제 그런 플랫폼이 온라인으로 확장되고 있다. 앞서 언급했듯이 웹과 모바일 그리고 소셜 네트워크 플랫폼은 도로 같은 오프라인의 플랫폼보다 더 많은 영향을 끼치고 있다.

이제 온라인 미디어를 모르고서는 미디어 산업도, 마케팅도 이해할 수 없게 되었다. 정치마저도 온라인 플랫폼을 이해하지 못하면 제대로 된 성과를 낼 수 없다. 이러한 상황 속에서, 현대사회의 직장인으로서 시장과 산업을 이해하기 위해서는 온라인 플랫폼을 구성하는 IT와 디지털에 대해 명확하게 이해할 필요가 있다.

그런데 문제는 오프라인 플랫폼이 변화가 느린 반면, 온라인 플랫폼은 변화의 주기가 짧다는 것이다. 그렇기에 끊임없는 자기혁신과 변화가 필요하다. 기존의 플랫폼이 만든 게임의 법칙에 안주하고, 도전을 하지 않으면 변화의 속도를 따라갈 수 없다.

우리는 이미 수많은 기업이나 개인이 자기잠식이 두려워 변화에 소홀히 대응했다가 경쟁자에게 패배하는 경우를 많이 보았다. MS와 야후, 다음 그리고 마이스페이스닷컴, 싸이월드 등이 그렇다. 끝없는 변화의 채찍만이 성장을 보장하는 지름길이다.

IT 플랫폼은 비단 IT 관련 산업에만 영향을 주는 것이 아니다. 전통적인 굴뚝기업들도 IT 도구의 혁신으로 거대한 변화를 맞았다. 대표적인 사례가 앞서 말했던 카메라 필름을 제조하는 이스트먼 코닥이다. 1880년에 설립된 코닥은 1997년 주가가 90달러에 육박했지만 지금은 1달러가 채 되지 않는다. 14년 만에 주가가 추락했고 파산보호 신청을 할 것이라는 소문까지 돌고 있다. 그 이유는 무엇일까?

2000년대 들어서면서 코닥은 디지털 카메라가 필름산업에 위협을 줄 것이라 판단하고 오히려 필름산업에 주력한 채 디지털 카메라 시장을 외면했다. 코닥은 IT 시장의 변화가 그들의 산업에 이렇게 심각한 영향을 줄 것이라고 생각하지 못했고, 자신들이 그것을 거부할 수 있을 것이라 방만하게 여겼기 때문이다.

물론 IT의 영향은 이처럼 제조업에만 국한된 것은 아니다. 물건을 파는 마트와 쇼핑몰 그리고 금융거래를 하는 은행권도 IT의 변화를 예의 주시해야만 기업의 내일이 보장된다.

우리가 자주 가는 이마트는 상품의 구매와 관련한 다양한 정보와 서비스를 제공하는 스마트폰용 앱을 제공하고 있다. 또한 은행에서는 인터넷 뱅킹을 넘어 모바일 뱅킹을 제공하고 있다. 심지어 차세대 스마트폰에 제공되는 'NFC(Near Field Communication)'라는 근거리 무선통신 규약에 맞는 금융거래 서비스를 제공하기 위해 연구 중이다. 이들 모두 기업의 지속적인 성장을 위해 이처럼 IT를 적극 수용하면서 변화와 혁신에 주력하고 있다.

플랫폼으로 성장한
스마트폰

이제 하나의 플랫폼으로 자리 잡은 스마트폰의 영향력에 대해 알아 보고자 한다.

어떤 기기가 어느 정도 보급되었는지를 파악해 보면 그 기기의 영향 력과 플랫폼으로의 성장 가능성을 가늠할 때 중요한 지표가 된다. 숫자 는 거짓말을 하지 않기 때문이다.

PDA·전자책·클라우드·SNS·NFC·AR 등 새로운 기술이 등장할 때 그 기술을 수용하는 사용자가 몇 명인지를 꼼꼼히 들여다보아야 한 다. 기술이 등장해서 이슈가 되어 대중에게 선보인 지 1년이 지나도 사 용자를 100만 명 정도밖에 확보하지 못했다면, 실제로 이 기술이 제대 로 보급될 수 있을지 의심해야 한다. 이를 받아들이기에 사용자들이 준비가 덜 되었거나, 기술의 안정성 혹은 품질이 떨어졌기 때문일 것이다.

구체적인 수치를 생각해 보자. 대한민국의 인구 5,000만 명 중 약 2퍼센트 정도인 100만 명 정도가 사용하면 그 기기는 한때 유행에 불과하다고 볼 수 있다. 즉, 1년 후에 그 기기가 계속 사용될지 예측할 수 없는 것이다. 적어도 100만 명 이상의 사용자에게 보급되어야 플랫폼으로 성장할 가능성이 있다.

실제로 100만 명의 사용자를 확보하지 못해 지속적인 성장을 하지 못한 경우는 많이 있다. 시티폰·PDA·전자책 등이 100만 명을 확보하지 못한 채 한때의 유행으로 그쳤다. 이러한 시장을 가리켜 니치마켓(niche market), 즉 '틈새시장'이라고 부른다. 이는 플랫폼으로서의 저변을 갖추기에는 부족한 시장이다.

― 스마트폰, 유행인가 문화인가

하지만 100만 명을 넘어 대한민국 인구의 10퍼센트인 500만 명 정도의 사용자를 확보하면 트렌드가 될 수 있다. 그렇게 되면 적어도 3년, 길게는 5년 이상 유지가 가능하다. 이처럼 500만 명의 사용자를 확보해 트렌드가 된 시장은 MP3P·디지털 카메라·내비게이션·PMP 등이 있다. 트렌드는 매스마켓이 되어 플랫폼으로 성장할 가능성이 있다.

단, 트렌드는 상위 트렌드에 의해서 언제든지 소멸되거나 통합될 수 있다는 점에 유의해야 한다. 대표적인 것이 MP3P와 PMP다. 스마트폰이 등장하면서 이들의 기능을 흡수했기 때문에 이 기기들은 점차 사라질 운명에 처하고 말았다.

진정한 플랫폼으로 자리매김하려면 적어도 대한민국 인구의 20퍼센트, 즉 1,000만 명이 사용해야 한다. 가구당 한 대씩 보급되는 기기가 되어야 10년 이상 버틸 수 있는 튼튼한 버팀목이 되는 것이다. 또한 이 정도의 플랫폼은 '문화'가 될 수 있다. 문화는 적어도 10년 이상은 문명에 자리 잡을 수 있다. 상위 기술이 등장하더라도 함께 성장하지 흡수되거나 소멸되지 않는다.

1,000만 대가 보급된 플랫폼으로는 자동차·TV·컴퓨터·인터넷이 있다. 그리고 스마트폰이 1,000만 대 돌파를 불과 1년 6개월 만에 해냈다. 2011년 9월 기준으로, 1,700만 대를 돌파한 것이다. 이제껏 이렇게 빠르게 보급된 기기는 없었다. 그만큼 문화·사회·산업적 충격도 대단할 수밖에 없다. 사용자가 늘어나는 수치를 통해 플랫폼의 영향력을 예상해 볼 때, 앞으로 스마트폰이 우리 삶에 끼칠 영향력은 더욱 강력해질 것이다.

— 10년 주기의 대변혁, 3년 주기의 기회

TV·라디오 등의 매스미디어가 대중에게 선보인 이후 플랫폼으로 자리를 잡기까지 약 30여 년이 걸렸다. 컴퓨터 기반의 웹이 플랫폼으로 자리 잡는 데는 20여 년이 걸렸다. 갈수록 플랫폼이 보급되는 데 걸리는 시간은 짧아지고, 주력 플랫폼으로 패러다임이 바뀌는 속도는 빨라지고 있다.

이를 증명하듯이 모바일 플랫폼이 자리를 잡는 데는 10년이 채 안 걸릴 것이다. 게다가 2000년대 말부터 보급되기 시작한 모바일 플랫폼이

2010년에는 이미 주력 플랫폼으로 자리 잡았다. TV 중심의 방송, 컴퓨터 중심의 웹에 이어 스마트폰 중심의 앱이 자리 잡는 데 10년 정도의 시간이 걸릴 것으로 예상된다. 이미 약 3분의 1 정도의 시간이 흘렀다. 앞으로 남은 3분의 2의 시간에 더 많은 변화가 있을 것이다.

TV 플랫폼이 나타난 이후 이 플랫폼을 주도하는 기업으로 방송사가 등장하고, 컴퓨터 중심의 웹에서 패러다임을 주도하는 기업으로 포털·검색엔진이 등장하는 데는 어느 정도 시간이 걸렸다. 마찬가지로 모바일 플랫폼이 자리를 잡아가는 와중에는 이 플랫폼에서 독식하는 기업의 윤곽이 서서히 들어날 것이다. 물론 그러한 기업 역시 변모하는 플랫폼처럼 꾸준히 변화하고 교체되고 있다.

1990년대 말에 웹이 보급되면서 주목받았던 인터넷 기업은 야후·이베이·다음이었다. 이후 2005년부터 주목받은 기업은 구글·아마존·네이버로 이어졌고, 2010년부터는 페이스북·그루폰·카카오톡 같은 서비스로 이어지고 있다. 즉, 5년 주기로 웹 플랫폼에서 주목받는 기업이 바뀌고 있는 것이다.

모바일은 아마도 그 주기가 3년이 될 것으로 예상된다. 모바일 시장은 웹보다 두 배 이상 빠르게 변화하고 있기 때문이다. 이러한 변화에 주목한다면 비단 IT 산업이 아니더라도 다른 산업에서도 새로운 변화의 기운을 알아챌 수 있을 것이다.

비즈니스의 게임 법칙을
바꾸는 플랫폼

플랫폼의 변화는 산업의 경쟁구도만 바꾸는 것이 아니라 게임의 법칙까지 바꾸었다. 그렇다 보니 새로운 패러다임의 시대에서 성공하는 데는 기존의 기득권이 핵심요소가 되지 않는다.

모름지기 훌륭한 장군은 전투에 임할 때 상황과 관계없이 전투를 유리하게 이끌어내는 능력을 갖추고 있다. 부족한 군사 수, 지형조건의 열악함, 사기가 꺾인 아군의 심리 등에도 불구하고 전투를 유리하게 이끌어내려면, 기존의 방식 대신 게임의 법칙을 새로 짜는 것이 정답이다. 상대에게 유리한 게임의 법칙 자체를 바꾸어 아군에게 유리하게 만들면 백전백승할 수 있다.

반면, 플랫폼이 바뀔 때마다 매번 기존 플랫폼의 독식기업이 유리한 고지를 점령하지 못했던 것은 기존 플랫폼이 만들어낸 게임의 법칙만을 고수하고 달라진 게임의 법칙을 따르지 않았기 때문이다.

콘텐츠를 소유하고 있던 방송사가 컴퓨터 통신을 주도하지 못했고, 컴퓨터 통신을 지배하던 통신사가 웹에서 성공하지 못했다. 웹에서 성공한 포털과 검색 서비스가 모바일(스마트폰 등 이동하면서 사용할 수 있는 기기)에서는 SNS와 다양한 서비스들에 맥을 못 추고 있는 것이다 그 때문이다.

유료에서 무료로 바뀐 비즈니스 모델의 혁신

컴퓨터와 웹의 비즈니스 모델은 크게 다른 점이 있다. 컴퓨터는 사용자에게 돈을 내게 하는 비즈니스 모델이지만, 웹은 사용자에게 무료로 서비스를 제공한다는 점이다. 컴퓨터에서 소프트웨어를 사용하려면 윈도우·MS 오피스·한글 등 돈을 지불하고 구매해야 한다. 과거 컴퓨터 통신 서비스인 하이텔·천리안·나우누리 역시 사용료를 지불해야 사용할 수 있었다.

하지만 웹은 다음의 한메일과 카페, 네이버의 검색 등을 모두 무료로 사용할 수 있다. 심지어 스마트폰의 앱스토어, 안드로이드 마켓, T스토어 등에서 거래되는 앱 중 상당수가 무료다. 무료로 소프트웨어를 설치해서 사용할 수 있는 것이다. 단, 돈은 광고주 혹은 판매자의 몫이 되었다.

이러한 비즈니스 모델을 가리켜 '양면시장'이라고 한다. 고객이 양쪽에 있어 한쪽에게는 무료로 서비스를 제공하지만 다른 쪽에게는 돈을 받는 것이다. 무료로 이용하는 사용자가 많아지면 마켓의 규모가 커지기 때문에 이를 바탕으로 마켓에 가치를 만들어 반대편 고객에게 돈을 요구하는 것이다.

이 같은 비즈니스 모델을 이해하지 못하면 새로운 플랫폼에서 어떤 사업을 하든지 성공할 수 없다. 그것은 지상에서 싸우는 전투방식으로 해상에서 싸우려는 것과 마찬가지다.

― 모바일 플랫폼, 새로운 법칙을 만들다

모바일의 비즈니스 모델은 원리와 구성 면에서 웹과 크게 다르지 않다. 하지만 그 세부적인 기능과 형태에서 차이가 있다. 모바일은 스마트폰의 각종 센서를 통해 사용자의 위치·통화·앱 사용을 기록하고, 그를 바탕으로 다양한 형태의 비즈니스 모델을 보여준다. 그 대표적인 예가 지역 기반 광고(LA: Local Ad)이다. 이러한 특성을 적용하여 모바일과 함께 주목받으며 성장하는 서비스는 SNS다.

그런데 SNS 시장은 네이버(미투데이)·다음(요즘)·네이트(미니홈피) 등의 포털이 지배하지 못하고 있다. 이 시장은 페이스북과 트위터가 장악하고 있다. 그 이유는 무엇일까?

모바일이 주는 달라진 게임의 법칙을 고수하기보다 포털이 기존 웹에서 가진 시장 지배력과 기득권을 유지하려는 관성 때문이다.

포털의 SNS는 모두 기존 포털의 서비스와 긴밀하게 연계되어 있다. 또한 포털의 아이디를 이용해 사용하도록 되어 있다. 포털로서는 당연한 서비스 정책일 수밖에 없다. 기존 웹에서 가진 기득권을 유지, 확장하기 위해서는 SNS를 새로운 플랫폼으로서 받아들이기보다는 기존에 가진 것과 연계해서 시너지를 내려고 하는 것이 기본 전략일 수밖에 없다.

하지만 이러한 전략은 새로운 플랫폼인 SNS, 모바일에서 득보다 실이 되고 있다. 기존 것과 연계한 형태보다 단절을 통해 새로운 플랫폼의 특성에 맞는 게임의 법칙을 유연하게 만들어갈 수 있기 때문이다.

이미 서비스 기간이 10년, 5년이 넘은 카페·블로그·미니홈피 등은 새로운 플랫폼인 모바일에 맞도록 변형하기가 쉽지 않다. 반면 페이스북·트위터 등은 모바일 특성에 맞게 서비스의 정책을 정하고 그 기능을 정의하면서 좀 더 모바일에 유연하게 대응할 수 있었다.

이외에도 스마트폰이 컴퓨터에 비해 접근성이 뛰어나다는 특성을 살려 사용자의 성향을 더욱 세부적으로 파악, 분석한 사례 등, 이미 우리 주위에서는 새로운 플랫폼을 장악하기 위한 다양한 시도가 이어지고 있다.

다윗이 골리앗을
위협하는 시장

컴퓨터가 지배하는 시장의 산업구조는 기존 산업과 유사하지만 다른 점이 있다. 바로 소프트웨어의 등장이다. 컴퓨터를 구성하는 모니터나 키보드 같은 하드웨어는 기존의 산업과 다를 바가 없지만 윈도우나 한글, 포토샵 같은 소프트웨어는 우리가 이전에 경험하지 못한 새로운 시장과 비즈니스 모델을 가져왔다.

소프트웨어 시장이 등장하면서 좀 더 많은 기업들에게 시장에 참여할 수 있는 기회가 생겼고, 그로 인해 성공의 공식도 달라졌다.

기존의 산업구조에서는 이미 규모를 갖춘 기업이 지속적으로 새로운 사업에 도전해서 영역을 확장하며 규모를 키워가는 방식이었다. 하지만 소프트웨어 산업이 생기면서 새로운 시장 참여자를 이끌어냈다.

골리앗들만의 잔치가 아니라 다윗들의 도전이 가능해진 것이다. 몸집 큰 기업만 살아남기보다는 다양한 사용자들의 요구에 맞춰서 끊임없이 제품을 업그레이드하는 지속적인 관리로 다윗들이 살아남을 길이 열렸다.

─ 앱, 거대 기업을 이기는 작은 거인들

손바닥 위에서 사용하는 스마트폰이 또 한 번 세상을 바꾸어놓았다. 그렇게 변화한 우리의 비즈니스 환경에서 게임의 법칙이 어떻게 바뀔는지는 아직 예단하기 어렵다. 하지만 확실한 것은 기존의 웹과는 다르다는 점이다.

실제로 웹에서 주목받으며 승승장구하던 골리앗들이 모바일 시장에서는 다윗에 밀리는 상황이 속출하고 있다. 네이버·다음·네이트·파란닷컴과 SKT·KT·LG 등에서 출시한 스마트폰용 앱 서비스는 약 100여 개에 이른다. 하지만 앱스토어와 안드로이드 마켓의 이용순위에 이들 기업들의 앱이 몇 개나 등록되어 있는지 살펴보면, 골리앗의 초라한 성적을 확인할 수 있다.

현재 스마트폰에서 사람들이 많이 사용하고 있는 카카오톡·하철이·배달의 민족·쿠팡·드롭박스·에버노트·트위터 등은 다윗의 선전을 보여주는 대표 사례들이다.

그렇다면 이들 다윗은 어떻게 골리앗을 이길 수 있었을까? 2009년 11월에 한 고등학교 2학년 학생이 개발한 스마트폰용 실시간 버스확인 서비스인 '서울버스'라는 앱을 보면 알 수 있다. 현재 이 앱은 아이폰·안드로이드폰에 무료로 공개되어 있는데 대한민국에서 손에 꼽는 서비스로 자리매김했다. 다음지도, 네이버앱 등 수십 명이 개발한 포털의 앱과 견주어도 부끄럽지 않을 만큼 사용자가 많다.

어떻게 고등학생 한 명이 포털의 전문가 수십 명이 만든 것과 견주어 손색없을 만큼 훌륭한 서비스를 개발할 수 있었을까?

─── 다윗에 맞서는 골리앗의 자세

사실 덩치 큰 골리앗도 다윗처럼 영특하고 창의적일 수 있다. 아니, 창의적일 뿐 아니라 오히려 더 똑똑하다. 하지만 '실행'이라는 변수를 만나는 순간 골리앗은 움찔댈 수밖에 없다. 다윗은 떠오른 아이디어를 바로 실행에 옮길 수 있지만, 골리앗은 이것저것 신경 쓰고 고민해야 할 것이 많기 때문이다.

예산을 계산하고 확보해야 하며, 인력을 배치하고 그 인력을 다른 부서에서 데려오기 위해 해당 부서장을 설득하고 인사 담당 부서와 논의하는 시간이 필요하다.

더 중요한 것은 그렇게 만든 서비스가 어떠한 비전과 가치가 있으며 회사에 어떤 기대효과를 가져올지, 그리고 목표는 어떻게 설정할지 등을 정해야 한다. 다윗은 그저 사용자가 좋아할 것 같고, 본인이 하고 싶으면 바로 실행에 옮기지만 골리앗은 몸이 무거울 수밖에 없다.

게다가 골리앗은 자기잠식을 두려워한다. 즉, 새로운 것이 기존의 것에 위협을 주어서는 안 되고, 악영향을 주어선 안 된다는 강박관념이 있다.

하지만 모든 가치의 혁신에는 파괴가 필요하다. 새로운 것은 과거를 부정하는 일에서 시작하게 마련이다. 그러다 보니 여기에서 골리앗의 괴리가 발생한다.

골리앗은 가진 것을 잃지 않기 위해서 새로운 것에 도전하는데, 그 새로운 도전이 오히려 기존에 가진 것을 뺏을 수 있어야 더 큰 가치로 도출되니 말이다. 결국 골리앗은 현실에 타협하고 꿈꾸던 이상은 반 토막이 나버린다.

이러한 과정에서 수많은 다윗들이 골리앗에게 돌팔매를 던지고 있다. 그 돌팔매를 견디지 못한 골리앗은 기존 것을 품에 안은 채 쓰러질 수밖에 없다.

그런 운명에 처하지 않으려면 골리앗은 끊임없는 자기혁신을 해야 한다. 그 혁신이 비록 기존의 것을 부정하거나 캐시카우(cash cow: 수익창출원)를 잠식하더라도 긴 안목과 비전을 가지고 이해득실을 따져 과감한 판단을 해야 한다. 반면 다윗은 실패를 두려워하지 말고 꾸준하게 돌팔매질을 할 수 있는 근육과 끈기를 키워야 할 것이다.

5

통섭의 시대, 경쟁에서 협업으로

웹에서 모바일로 변화하는 이 시기를 관통하는 시대철학은 '통섭'이다. 이는 기존의 산업철학과 가장 큰 차이점이다. 산업혁명 이후 비즈니스는 혼자서 모든 것을 하는 것이 아니라 철저한 협업과 분업을 통해서 이루어졌다.

단, 현재의 분업은 산업혁명 시대의 분업과 달리 암묵적인 협업으로 비즈니스가 전개되고 있다. 서로 만나서 협의를 하고 계약을 통해 일을 시작하는 것이 아니라, 모든 것이 공개되어 정해진 정책을 준수하면 사전의 협의나 논의절차 없이 협업이 시작되는 것이다. 그렇게 해서 시너지를 만들고 가치가 창출되면 역시나 정해진 법칙에 따라 서로 나누면 된다.

'2+3=5'가 되는 기존 오프라인 산업과 달리 웹 산업은 '2×3=6'이 되는 구조다. 그리고 새로운 모바일 산업은 '2^3=8'이 되는 가치산출의 공식을 만들어내고 있다. 기본적으로 이러한 사업구조가 가능한 이유는 경쟁보다는 협업의 체계로 시장이 바뀌기 때문이다.

아이폰은 사실 애플 혼자 개발한 상품이 아니다. 아이폰을 구매하면 날씨, 증권, 유튜브, 지도 등 기본적으로 제공되는 몇 가지 서비스가 있는데, 사실 이들 서비스는 야후와 구글의 작품이다.

애플은 아이폰을 개발하면서 좀 더 편리하게 사용할 수 있는 대표적인 서비스를 야후와 구글을 통해서 제공받았다. 이렇게 제공된 서비스 덕분에 아이폰은 단지 통화나 카메라 촬영, SMS(Short Message Service)만 가능한 휴대전화가 아니라 다양한 정보를 제공받을 수 있는 정보기기로 자리 잡을 수 있었다.

또한 애플은 전 세계 누구나 아이폰에 서비스를 제공할 수 있도록 이를 기반으로 서비스를 개발할 수 있는 플랫폼을 오픈했고, 이렇게 만들어진 서비스가 거래될 수 있는 장터(앱스토어)도 만들었다. 덕분에 수십만 개의 앱이 앱스토어를 통해서 제공되고 있다. 애플과 직접 계약을 맺은 것은 아니지만, 애플이 공개한 시스템을 통해서 아이폰에 서비스를 제공할 수 있는 협업 시스템이 갖추어진 것이다.

삼성전자의 대표적인 스마트폰인 갤럭시S 역시 마찬가지다. 구글의 안드로이드 운영체제가 없었다면 갤럭시S는 나올 수 없었을 것이다. 구글이 개발한 '안드로이드'라는 모바일 OS가 공개되고 삼성전자가 이 운영체제를 적극 수용했기 때문에 아이폰의 대항마인 갤럭시S가 세상에 나올 수 있었다. 혼자서 모든 것을 하려고 하면 시간도 오래 걸릴 뿐 아니라 효율이 떨어질 수밖에 없다.

최근 페이스북은 페이스북 사용자 간에 서로 얼굴을 보며 화상통화를 할 수 있는 기능을 제공하고 있다. 그런데 이 기능은 '스카이프'라는 외부의 서비스가 페이스북에 통합되어 구현이 된 것이다.

만일 페이스북이 자체기술로 화상통화 기능을 개발하려고 했다면 시간이 오래 걸릴 뿐 아니라 좋은 품질의 서비스를 구현하기도 어려웠을 것이다. 수년간 음성·화상통화 사업을 해온 스카이프와 제휴했기에 빠른 시간 내에 서비스를 할 수 있었다.

물론 스카이프 또한 페이스북 사용자에게 화상통화를 제공하게 됨으로써 짧은 시간에 보다 많은 가입자를 확보할 수 있었다.

6

21세기의 연금술, 매시업

한국의 대표음식으로 비빔밥을 손꼽는 이유는 무엇일까? 이 음식에 한국인의 혼과 얼이 담겨 있기 때문이다. 오색찬란한 색상의 나물과 빨간 고추장, 노란 달걀노른자는 다양한 재료의 조합에서 오는 색감의 아름다움을 느끼게 해준다. 그리고 그것들을 버무리고 비비면 환상적인 맛을 자아낸다. 이질적인 것을 혼합했을 때 어우러져 드러나는 새로운 조화가 핵심이다.

21세기의 IT도 그런 비빔밥과 같다. 공개와 개방 그리고 이를 토대로 한 화합의 서비스가 더 큰 가치를 창출해 내고 있기 때문이다. 이번 장에서는 이러한 현상을 잘 보여주는 IT의 새바람, 매시업에 대해 알아보고자 한다.

다양한 서비스들의 결합에 의해 지속적으로 성장해 가는 페이스북

1+1=11로 만드는 매시업

매시업(mash up)은 원래 '감자 따위를 으깨는 것'을 뜻한다. 감자를 으깨면 여러 음식의 재료로 활용할 수 있어, 다른 음식재료와 만나 환상적인 요리가 탄생한다.

그런데 웹이 웹2.0으로 거듭나면서 요리에만 쓰일 것 같던 '매시업'이라는 방식이 트렌드로 자리를 잡기 시작했다. IT 용어로서의 매시업은 '웹으로 제공하고 있는 외부의 데이터와 서비스를 서로 융합해 새로운 서비스를 만드는 것'을 뜻한다.

'1+1=2'가 우리가 아는 수학공식이다. 이 공식대로 생각한다면 '휴대전화+디지털 카메라=카메라폰'이다. 하지만 매시업의 세상에서는 '1+1=11'이 될 수 있다. 휴대전화와 디지털 카메라가 결합해서 카메라폰이 아니라 '스마트폰'이 탄생해 단지 휴대전화로 카메라의 기능만 흉내 내는 것을 넘어 새로운 혁신가치를 만들어냈다.

스마트폰에 부착된 카메라는 디지털 카메라처럼 단지 촬영을 하는 용도로만 사용하는 것이 아니다. 와인 병을 촬영하면 와인을 자동으로 검색해 주고 QR코드를 비추면 QR코드 검색이 가능하다. '스캔서치'라는 앱을 이용하면 카메라로 비춰진 전방 근거리에 있는 맛집이나 상가 정보를 볼 수 있다.

그렇다면 카메라로 촬영만 하지 않고 새로운 가치를 창출할 수 있게 된 배경은 무엇일까? 스마트폰 제조사가 다른 서비스에서 카메라를 자유롭게 호출해서 사용할 수 있도록 카메라를 공개했기 때문이다.

이처럼 매시업은 결합이나 통합과는 다른 개념으로, 기술이나 공간을 개방하고 공개해 서로 다른 영역의 기술·디자인·서비스·문화가 만나 새로운 개념을 만들어내는 것을 뜻한다. IT 기술적으로는 이를 가리켜 'Open API'라고 한다.

— IT 매시업의 근간이 되는 Open API

Open API를 적용한 가장 훌륭한 사례는 구글지도에서 찾을 수 있다. 구글은 인공위성으로 전 세계의 모습을 촬영하고, 자동차로 다니며 주요 도시의 거리를 카메라로 촬영해서 구글지도 서비스를 제공했다.

그런데 이 서비스를 Open API로 개방했다. 구글이 만든 서비스이지만 구글만 사용하는 것이 아니라 외부의 다른 서비스나 기업에서도 사용할 수 있도록 공개한 것이다. 이 덕분에 구글지도를 이용한 수십만 개의 서비스가 탄생할 수 있었다.

부동산이나 여행정보 사이트에서 서비스를 제공하려면 지도가 필수이지만, 그렇다고 이들 사업자가 직접 지도정보를 구축하려면 천문학적인 비용이 들어간다. 그렇다 보니 외부업체에서 지도를 사야만 하는데, 구글지도가 정보를 공개했기에 별도 비용을 들이지 않고 구글지도에 기반해 서비스를 만들 수 있게 되었다.

구글 입장에서도 정보를 공개한 덕분에 지도에 생명력을 불어넣을 수 있는 수많은 사이트를 덤으로 얻었다. 이들 서비스는 구글지도가 없으면 제대로 작동할 수 없게 되어 구글지도가 생태계의 중심에 설 수 있게 되었다.

구글지도를 시작으로, 매시업은 IT 트렌드로 자리 잡게 되었다. 더 나아가 이 같은 분위기 덕분에 IT 서비스와 비즈니스 세계에서 상생과 협력이 중요한 키워드로 인식되었다.

혼자 A부터 Z까지 모든 것을 하려 하지 않고 부족한 부분은 다른 서비스와 결합해서 더 빠르고 강력하게 새로운 가치를 창출해 내고 있다. 이렇게 탄생한 서비스로 플리커·페이스북·트위터·포스퀘어 등이 있다. SNS로 대표되는 상당수 서비스들이 모두 매시업을 근간으로 한 것이다.

─ 더욱 많아진 제휴로 새로운 가치를 창출하다

과거에는 A기업이 B기업의 'b'라는 서비스를 이용해서 'a'라는 새로운 서비스를 만들려면 A와 B가 서로 계약을 맺어야 했다. A는 B와 제휴를 맺기 위해 미팅과 제안서 제출 등을 몇 차례 거친 뒤 계약을 맺었고, 비로소 b를 이용해 a를 만들 수 있었다. 그렇다 보니 수많은 제휴 논의가 있더라도 실제로 계약까지 맺어 a로 탄생되는 경우는 극히 드물었다.

하지만 디지털로 패러다임이 전환되고 웹2.0 등의 혁신으로 A는 B와 계약 없이도 b를 매시업해서 a를 만들어낼 수 있게 되었다. 별도 협의나 계약 없이 이렇게 a가 만들어질 수 있는 배경은 B가 b를 누구나 사용할 수 있도록 개방하고 이를 사용하기 위해선 어떤 규칙과 방법을 사용해야 하는지 문서화해서 공개했기 때문이다.

A는 B가 공개한 기준에 따라서 b를 이용하면 된다. 그렇다 보니 A는 B를 단 한 번도 만나지 않고 b를 사용할 수 있다. 전 세계의 수많은 곳에서 b를 사용할 수 있게 되어 a′, a″가 탄생하는 것이다.

그렇다면 B는 아무 대가 없이 b를 공개한 것일까? 그렇지 않다. b를 사용하는 기업이 늘어나면 b의 가치도 높아진다. B는 직접 고객을 상대하지 않지만 a, a′, a″ 등을 사용하는 고객이 많아질수록 자연히 b를 사용하는 고객도 기하급수적으로 늘어나게 된다. 또한 브랜드 가치가 높아져 새로운 사업의 기회도 얻게 된다.

다시 매시업 성공의 최대 수혜자인 구글지도를 예로 들어보자. 구글은 지도를 무료로 공개함으로써 전 세계 사용자들이 구글지도를 만날 수 있게 했다. 굳이 구글 홈페이지를 방문하지 않고도 우리는 부지불식간에 구글지도를 사용하게 되었다.

덕분에 구글은 전 세계 사용자들이 어떤 지역에 관심이 있고, 어디를 많이 검색했으며, 어떤 종류의 서비스를 많이 사용하는지 알 수 있다. 지도로 얄팍하게 돈을 벌려 하지 않고 지도를 이용하는 사용자들의 습관과 행동에 대한 데이터를 확보함으로써 더 큰 부가가치와 새로운 비즈니스 모델을 창출할 수 있게 된 것이다.

이제 내 것을 지키기 위해서 꽁꽁 숨겨두거나 당장 눈앞의 이익을 기대하고 단순한 협력에도 비용을 받으려는 방식은 과거 비즈니스의 유물이 되었다. 좀 더 많은 것을 개방하고 공개함으로써 미처 생각하지도 못했던 새로운 기회와 비즈니스의 가치가 창출되는 시대가 된 것이다.

― 산업 전반으로 확산된 매시업

물론 매시업이 IT 산업만의 전유물은 아니다. 이미 많은 영역에서 매시업이 트렌드로 확산되고 있다. 대표적인 것이 음식문화다. 단순한 재료의 조합이 아닌, 서로 다른 국가의 음식이나 분위기가 상반된 음식문화와 결합하여 새로운 경험을 제공하는 퓨전음식이 인기를 얻고 있다.

광고·마케팅에서도 매시업이 트렌드다. TV에서 본 광고는 TV에서 끝나지 않고 사용자의 동참을 유발해 기업 홈페이지나 유튜브 혹은 트위터, 페이스북 등의 SNS로 이어진다. 현실계 속의 TV에서 본 마케팅이 가상계의 온라인 마케팅까지 연결되는 것이다. 영역의 구분 없이 넘나드는 이러한 마케팅의 본질이 매시업이다.

지역마다 그 재료와 색감, 맛이 다른 비빔밥 역시 매시업과 일맥상통하는 결과물이다. 창의적인 접근과 혁신적 시도가 비빔밥의 다양한 맛을 탄생시키듯, 이제 산업 전반에서 매시업의 바람은 걷잡을 수 없이 더욱 강하게 불 것이다.

7

네트워크가 구축한
초고속 구매시장

앞서 스마트 시대의 비즈니스는 1+1=2가 아니라 11이 될 수 있다고 했다. 이처럼 1과 1의 결합이 2에서 11로 자릿수가 달라지듯, 스마트 시대의 비즈니스 규모 역시 기하급수로 커지고 있다.

항상 인터넷에 연결된 스마트폰으로 인해 사용자 간의 커뮤니케이션이 활발해져 빠른 속도로 시장이 뜨겁게 달아오르는 것이다.

― 발 없는 네트워크가 천 리 간다

'네트워크 효과'란 제품이나 서비스의 가치가 이를 이용하는 사용자수에 따라 달라지는 것을 뜻한다. 즉, 여러 사용자들이 사용하면 해당 제품의 가치가 커지는 것이다.

디지털 시대 이전에는 제품을 구매해서 사용한 이후 제품에 대한 만족이나 불만이 온전히 개인의 몫이었다. 하지만 이제는 많은 사람들이 구매 후 제품에 대한 사용소감을 블로그·카페·SNS를 통해서 게재한다. 이렇게 게재된 내용은 잠재적 소비자에게 전파되어 제품을 구매하는 데 많은 영향을 끼친다.

네트워크 효과, 변수를 활용하라

화학반응에서 반응속도를 결정하는 변수는 반응물질의 농도와 온도, 촉매 등이다. 반응물질의 농도가 진할수록, 온도가 높아져 분자 간 충돌이 많아질수록 반응속도는 빨라진다. 폭발적인 반응이 시작되도록 도와주는 촉매제 역시 반응속도를 결정하는 데 중요한 역할을 한다.

네트워크 효과의 속도 역시 마찬가지다. 반응물질을 소비자(사용자)로 본다면 농도는 소비자의 인지도(영향력), 온도는 플랫폼의 네트워크 속도, 촉매는 이벤트가 된다.

네트워크 효과를 극대화하려면 오피니언 리더처럼 영향력을 가진 사용자가 빠른 속도로 전파할 수 있는 트위터 같은 SNS를 통해 특정 상품에 대한 문제제기(혹은 호평)를 스토리텔링 방식으로 전하면 된다.

이 세 가지가 제대로 궁합이 맞을 때, 대중의 구매욕을 자극할 수 있다.

구매경험을 즉각적으로 같은 처지의 소비자들과 나누게 되면서 그들에게 마케팅 파워가 생긴 것이다. 이러한 공유는 스마트폰의 보급과 함께 더욱 빨라졌고, 보다 많은 소비자들에게 영향을 줄 만큼 강력해졌다.

또한 이제는 구매를 혼자 하지 않는다. 15년 전 유행하던 컴퓨터 통신에는 '동호회'라는 것이 있었다. 그리고 그곳에서 특정한 제품을 선택해 수십, 수백 명이 함께 제품을 저렴하게 구매하는 공동구매가 큰 주목을 받았다. 판매자 입장에서도 중간 이윤을 줄이더라도 박리다매를 통해 단숨에 큰 매출을 얻을 수 있기 때문에 만족할 만한 방법이었다.

구매의 판도를 바꾼 소셜 커머스

이 구매방법이 스마트 시대를 맞아 좀 더 규모가 커지고 대상 범위도 늘어가고 있다. 이는 일명 '소셜 커머스'라 불리는 새로운 상거래 방식인데, 기존 컴퓨터 통신의 공동구매 1.0과 유사한 방식이다.

하지만 공동구매가 취급하던 물품이 공산품이나 전자기기 등이었다면 소셜 커머스에서는 종류의 제한 없이 서비스·식음료·여행 등으로 다양하다. 구매자 역시 모르는 사람이 아닌 지인이나 같은 지역에 거주하는 사람으로 집중화되었다.

이처럼 '소셜 커머스'라는 새로운 상거래 방식이 등장할 수 있었던 배경에는 컴퓨터 통신보다 훨씬 네트워크 효과가 큰 모바일 시대의 개막이 있었다.

소비자는 구매 전뿐만 아니라 구매 후까지 컴퓨터·스마트폰 등의 웹과 모바일 서비스를 통해 소비욕구와 체험을 다른 사람과 나누고 있다. 이렇게 나눈 정보는 기업의 상품을 죽일 수도 살릴 수도 있을 만큼 강력해졌다.

이처럼 네트워크라는 기술의 진화는 사람들의 기본 욕구인 소비에 큰 영향을 주었고, 이 영향은 가장 큰 규모의 시장인 상거래 산업에도 거대한 변화를 가져오고 있다.

거래비용이
제로인 디지털

디지털의 최대 강점은 거래비용이 제로에 가깝다는 점이다. 예를 들어 신문은 인쇄를 한 후 구독자의 집까지 배달하는 데 비용이 들며, 구독자가 늘수록 그 비용도 함께 늘어난다. 게다가 만일 구독자가 미국에 산다면 그 비용은 훨씬 더 많이 늘어날 것이다.

실제로 주요 일간지의 경우, 신문을 인쇄하는 데 드는 비용보다 배달하는 데 드는 비용이 더 많다고 한다. 전국에 신문배급소를 만들어 하루도 빠짐없이 배달을 해야 하니 그 비용이 오죽할까. 우편 역시 마찬가지다. 편지는 우체국을 통해서 배달되며 편지의 양이 많아질수록 배달에 들어가는 경비 역시 비례해서 증가하게 마련이다.

하지만 디지털은 그렇지 않다. 디지털은 인터넷을 통해 전 세계 어디든 전송된다. 사용자가 아무리 많아도 거래비용이 비례해서 증가하지 않는다. 이것이 디지털 경제의 가장 큰 차이점이다. 그렇기에 현실계(오프라인)에 기반을 둔 산업의 영업이익률과 가상계(인터넷), 환상계(게임)의 영업이익률이 큰 차이가 나는 것이다.

실례로 네이버, 앤씨소프트 같은 기업들의 영업이익률은 40퍼센트를 상회하지만 삼성전자나 신세계백화점은 10퍼센트에 불과하다.

— 전파의 한계까지 뛰어넘는 디지털

물론 이처럼 거래비용이 제로에 가까운 것은 방송도 마찬가지다. 방송국은 전파를 이용해서 방송을 송출한다. TV, 라디오 모두 이러한 방식으로 시청자에게 방송을 보낸다. 디지털처럼 거래비용이 제로에 가깝다.

하지만 전파와 디지털의 다른 점이 있다. 전파의 도달범위는 디지털처럼 인터넷 사용이 가능한 전 세계를 대상으로 하지 못한다. 그렇기 때문에 전파가 도달하지 못하는 해외나 산간벽지에서는 방송을 시청하지 못한다.

반면 디지털은 인터넷 연결이 가능하면 전 세계 어느 곳, 우주에서도 데이터를 수신할 수 있다. 게다가 전파와 달리 데이터의 흐름을 통제할 수 있어 누가 언제 어디서 데이터를 수신했는지 확인할 수 있다. 즉, 일방적인 송출이 아닌 수신자와 양방향으로 커뮤니케이션하면서 정보를 변형하며 전달이 가능하다.

이러한 변화로 자동차나 라디오를 통해서만 들을 수 있던 방송국의 라디오 방송을 스마트폰에 앱을 설치해서 들을 수 있다. 전파가 아닌 인터넷으로 방송을 청취하는 것이다. 방송 청취 중에 방송국에서 방송과 별개로 송신하는 데이터를 볼 수도 있고, 설문조사나 이벤트에 즉각 응모하는 것도 가능하다.

방송국 역시 청취자가 몇 명인지 실시간으로 체크하고 사용자들이 방송에 어떻게 반응하는지 바로 확인할 수 있다. 방송 후에 별도의 방식을 통해 시청률을 조사할 필요도 없다. 다양한 인터넷 기기의 등장은 이처럼 전통적인 매스미디어 산업조차 바꾸고 있다.

— 하드웨어, 설 자리를 잃다

〈매트릭스〉라는 영화에는 컴퓨터에 의해 만들어진 가상의 공간에 인간의 뇌가 연결되어 육체는 아무런 기능도 못한 채 숙주처럼 길러지고 인간은 가상의 공간에 함몰되어 살아가는 미래의 모습이 나온다.

물론 우리의 삶이 아직 이 정도는 아니지만 가상계 속에 머무는 시간이 점차 길어지는 것은 사실이다. 가상계에 있는 시간이 길어질수록 현실계에 존재하는 사물은 그 의미와 존재가치가 퇴색되게 마련이다. 모든 것이 가상계에 존재하면 현실계에 굳이 많은 것이 있어야 할 필요가 없어지는 것이다.

이렇다 보니 디지털 세상이 가속화될수록 하드웨어는 점차 존재가치가 희석되고 눈에 띄지 않게 된다. 이러한 현상이 더욱 심해져서 결국에는 컴퓨터가 눈에 보이지 않고도 언제나 필요할 때 필요한 것을 제공하는 것이 디지털 시대의 종착지라 할 수 있다.

모든 것이 디지털로 구성되면 소프트웨어가 하드웨어의 기능을 대신하게 된다. 실제로 10년 전만 해도 컴퓨터로 TV를 보려면 TV카드가 필요했다. TV를 수신할 수 있는 하드웨어를 컴퓨터와 연결해야만 TV를 컴퓨터에서 시청할 수 있었다. 하지만 지금은 인터넷을 이용해 TV를 볼 수 있다. 하드웨어 없이도 TV 시청이 인터넷만으로 가능한 것이다.

이처럼 디지털이 보급되면서 우리 삶에는 많은 변화가 일어났다. 전자우편이 등장해서 더 이상 손으로 편지를 써서 메시지를 전달할 필요가 없어졌다.

인터넷 서점 덕분에 굳이 서점에 갈 필요 없이 원하는 책을 쉽게 주문할 수 있다. 싸이월드에서는 도토리만 있으면 가상의 내 집을 꾸밀 수 있는 아이템을 살 수 있다. 이 모든 것이 디지털 덕분에 아날로그의 현실계가 변화된 대표적인 사례다.

결국 가상계 속의 디지털이 성장하면서 현실계 아날로그의 핵심인 하드웨어는 굳이 필요 없어지거나 소멸되는 상황이 발생한다. 이것은 기존의 산업 전반은 물론 기업들의 경쟁구도와 상품전략에 직접적인 영향을 끼치고 있다.

9

진화를 거듭하는
콘텐츠의 생산·유통·소비

앞에서 언급했듯이, 새로운 도구의 등장으로 우리의 산업구조는 놀라보게 바뀌었다. 그런데 더 중요한 점은 산업구조뿐 아니라 우리 사회 전반이 커다란 영향을 받으며 변화하고 있다는 것이다. 특히 우리의 의식구조와 생각에 지대한 영향을 끼치는 방송·언론·출판 등의 미디어가 크게 변화하고 있다.

기존의 매스미디어인 신문·라디오·TV 이후 컴퓨터 통신, 웹과 함께 온라인 미디어가 시작되었다. 그리고 스마트폰과 함께 스마트패드와 스마트TV 등이 등장해 새로운 미디어 시대를 열고 있다. 이처럼 다양한 플랫폼이 등장하면서 정보의 전달방식과 소비방식이 크게 바뀌었고 이로 인해 미디어는 커다란 변화를 맞이하고 있다.

하지만 그 변화 속에서 부동의 자리를 지키는 것을 꼽으라면 바로 콘텐츠다. 신문·라디오·TV의 시대가 저물고 온라인 미디어 시대가 왔어도 여전히 우리는 웹을 통해서 그날의 신문기사와 인기 방송 프로그램을 보고 있다. 플랫폼은 바뀌었어도 콘텐츠의 가치는 변하지 않는다.

비록 콘텐츠의 구성과 형태 그리고 그 콘텐츠를 보고 듣고 읽는 방식은 바뀌었지만 여전히 우리는 과거나 지금이나 콘텐츠를 보는 것이지 플랫폼을 보는 것은 아니다. 인텔 코어2 듀오 CPU가 장착된 24인치 모니터를 사용하든, 4.3인치 슈퍼 아몰레드 플러스의 갤럭시S2를 사용하든, 9.7인치의 아이패드2든, 40인치의 스마트TV든 그것은 중요하지 않다. 그 스크린을 통해서 보는 콘텐츠 그 자체가 중요할 뿐이다.

따라서 이제 우리는 수많은 기술의 흥망성쇠 속에서 콘텐츠의 생산·유통·소비를 대하는 우리의 습관이 어떻게 바뀌어왔고 앞으로 콘텐츠는 어떤 변화를 맞이하게 될지 예상해 보는 것이 중요하다.

스마트패드와 스마트TV

스마트폰에 이어 새로운 기술의 화두로 등장한 것은 스마트패드와 스마트TV다. 스마트폰이 기존 휴대전화와 전혀 다른 체험을 할 수 있게 한 것처럼 스마트TV 역시 기존의 TV와는 다른 세상을 열고 있다.

TV가 컴퓨터를 대신하고, 인터넷에 연결되는 커다란 혁신이 스마트TV에서 비롯되고 있다. 스마트패드는 스마트폰과 노트북의 장점을 기반으로 또다른 시장을 만들고 있다.

일반 유선전화보다 값비싼 비용을 지불해야 살 수 있는데다 통화료도 비싼 휴대전화가 집 전화보다 더 많이 보급된 이유는 무엇일까? 기존의 전화가 하지 못하는 기능을 실행할 수 있기 때문이다.

집안 식구 모두의 공동 소유물이 아닌 나만의 고유번호로 내가 온전히 점유할 수 있을 뿐 아니라, 전화선 없이 집이 아닌 외부에서도 언제나 통화가 가능한 것이다. 이처럼 과거의 기술보다 더 편리하고 혁신적인 체험을 제공할 수 있어야 새로운 기술이 소비자들에게 받아들여질 수 있다.

최근 주목받기 시작한 아이패드와 갤럭시탭 같은 스마트패드는 노트북이나 스마트폰으로 경험하기 어려운 새로운 기능을 제공한다. 약 7~10인치 정도 크기의 스마트패드는 스마트폰처럼 화면 전체가 터치 방식이라 별도의 키보드가 필요 없다. 따라서 노트북보다 훨씬 가볍고 크기가 작다.

게다가 스마트폰처럼 카메라와 GPS, WiFi 등의 다양한 센서들이 내장되어 있다. 그렇다 보니 컴퓨터로는 하기 어렵지만 스마트폰으로는 할 수 있는 컴퓨팅 기능을 수행할 수 있다. 스마트패드는 기존의 스마트폰으로 보기 어려운 책, 잡지 등의 콘텐츠를 구독하는 기능도 모두 갖추었다. 스마트폰으로는 화면이 작아서 제대로 보기 어려운 종이 기반의 콘텐츠를 편하게 볼 수 있다.

특히 컴퓨터 사용이 번거롭고 스마트폰은 크기가 작아 불편한 직장인들에게 회의 참석 시 간단한 문서 확인 등의 용도로 주목받고 있다. 또한 유아와 학생들을 위한 전자책의 용도로도 기존의 노트북이나 스마트폰이 제공하기 어려운 기능을 제공하며 주목받고 있다.

TV는 컬러TV로 변화한 이후 끊임없이 진화해 왔다. 최근에는 인터넷과 연결된 IP TV, 3D TV 등의 새로운 기술이 접목되고 있다. 하지만 그럼에도 불구하고 TV 시장은 웹이나 모바일, 스마트패드처럼 혁신적인 변화의 물결이 보이지 않는다. 왜일까?

가장 큰 이유는 TV는 컴퓨터·스마트폰·스마트패드 같은 운영체제가 없기 때문이다. TV는 기존의 흑백TV나 컬러TV, IP TV 모두 동일한 영상을 보여준다. 방송국에서 송출하는 전파를 수신해서 어떤 TV에서나 똑같은 내용의 영상을 보여줄 뿐이다. 화면이 아무리 선명해 지고 3D를 지원하더라도 TV 속 소프트웨어는 큰 변화가 없다.

디지털 플랫폼은 하드웨어뿐만 아니라 소프트웨어와 네트워크 세 가지가 균형 있게 진화해야 진정한 혁신이 시작된다. 그런 차원에서 볼 때, 이제껏 별다른 변화가 없어 보였던 TV의 혁신은 애플과 구글이 만드는 스마트TV에서 비롯한다고 볼 수 있다.

스마트TV가 기존 TV와 크게 다른 점은 TV 속에 컴퓨터처럼 기기를 쉽게 제어할 수 있는 운영체제가 설치되었다는 것이다. 이 운영체제가 TV를 단지 기존처럼 방송국에서 송출하는 영상만 보여주는 것이 아니라 다양한 인터넷 서비스를 제공할 수 있도록 해준다. 이것이 스마트TV가 가져다준 변화다.

단, 스마트TV의 보급은 속도가 그리 빠르지 않다. 휴대전화는 연간 2,000만 대, 컴퓨터는 연간 500만 대가 판매되지만 TV는 200만 대 정도만 판매된다. TV는 교체되는 데 시간이 오래 걸릴 수밖에 없다.

게다가 TV는 회사가 아닌 가정에서 쓰는 가전기기이기 때문에 스마트TV의 등장이 실제로 직장생활이나 업무에 끼치는 영향은 크지 않을 것이다. 대신 컴퓨터의 변화, 스마트폰의 등장, 스마트패드의 주목 등이 업무환경을 크게 바꿀 것으로 예상된다.

— 생산자가 아닌 사용자의 실시간 영향력이 커진다

매스미디어 시대에는 콘텐츠를 생산하는 자들이 곧 미디어 플랫폼의 주인공으로 주목을 받았다. 신문사는 전국의 자체 배급소를 가지고 아침마다 독자의 집 앞에 신문을 배달했다. 방송사는 채널을 직접 운영해 기지국을 통해서 시청자의 안방에 방송을 송출했다.

콘텐츠를 만드는 자가 곧 미디어의 지배자였다. 하지만 미디어 플랫폼의 변화와 함께 이 같은 경쟁구도에 커다란 변화가 일고 있다.

사실 온라인 미디어가 성장하면서 매스미디어는 위협을 받았다. 포털에 신문과 방송의 콘텐츠 유통 장악력을 빼앗기면서 포털이 콘텐츠 산업의 가장 중요한 축인 유통의 패러다임을 주도했다. 언론사는 단순한 콘텐츠 제공자로 전락해 버렸다.

하지만 모바일과 SNS는 기존 매스미디어에 새로운 가능성을 제시하고 있다. 포털로 집중되었던 콘텐츠의 유통과 소비의 장악력이 해체되고 언론사로 분산되는 효과를 불러올 것으로 기대된다. 스마트폰의 접근성과 휴대성이 기존 매스미디어와도 효과적으로 결합하는 것이다.

사실 기존 매스미디어인 신문·잡지·책의 최대 단점은 콘텐츠의 생산과 유통에 들어가는 비용이 크다는 점이다. 또한 지면의 한계로 인해 콘텐츠 수용력과 멀티미디어 표현력이 떨어진다는 점도 치명적이다.

그런데 이 같은 부분적인 단점을 보완해 줄 수 있는 것이 스마트폰이다. 스마트폰은 내가 있는 장소에서 즉각적으로 인터넷에 연결되어 정보를 얻을 수 있다.

대표적인 사례가 책에 수록된 QR코드다. 책 페이지별로 수록된 QR코드를 스마트폰으로 비추면 작가가 추가적으로 제공하고 싶은 정보를

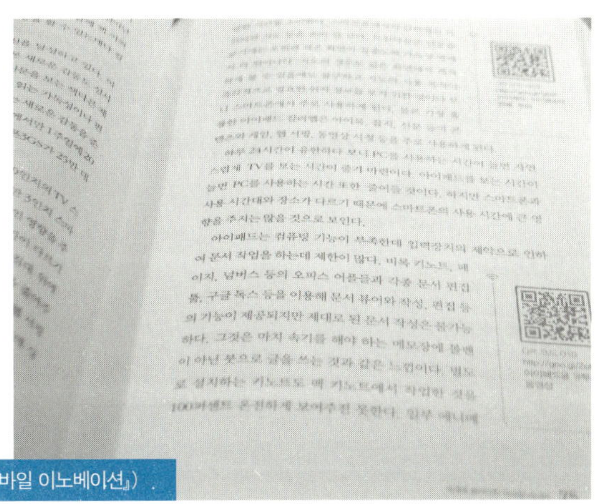

볼 수 있다. 책에는 수록할 수 없는 동영상이나 이미지를 포함할 수 있으며, 해당 페이지에 대해 궁금한 점을 질문으로 올리고 작가가 답변을 할 수도 있다. 책의 특정 페이지가 Q&A 게시판이 되는 것이다. 이미 인쇄되어 시간이 흘러 잘못된 정보가 된 책 내용도 QR코드를 이용해 수시로 업데이트하는 것이 가능하다.

이뿐만이 아니다. 스마트폰은 TV를 시청하는 행태마저도 변화시키고 있다. 원래 TV와 컴퓨터는 물리적으로 공간상 멀리 떨어져 있다. 그렇기에 TV를 시청하며 인터넷을 하는 것이 원천적으로 어렵다. 그러다 보니 인기 드라마나 예능 프로그램 후 해당 프로그램에 대한 감상후기를 남기는 글과 실시간 이슈 검색이 포털의 검색어를 지배했다.

하지만 이제는 스마트폰이 TV를 시청하는 거실과 침대에서 바로 인터넷에 연결할 수 있도록 해준다. 그래서 최근 인기 프로그램은 프로그램의 시작과 동시에 포털의 실시간 이슈 검색어로 뜬다. 시청 중 시청자들은 스마트폰으로 프로그램에 대한 정보를 검색하고 감상을 나눈

다. 비록 멀리 떨어져 있지만 그 누군가와 한 화면을 보면서 외로움을 달래고 TV를 함께 시청하는 가상의 공간을 만드는 것이다.

이로 인해 오히려 그 프로그램을 시청하지 않던 사용자도 스마트폰과 SNS에 게재된 다양한 프로그램 소개, 감상후기를 보고서 프로그램을 시청하게 된다. 회사 정수기나 커피 자판기 앞에서 사람들이 모여 이야기꽃을 펼치며 의사소통이 활발해진다는 뜻의 '워터쿨러 효과(Water Cooler Effect)'가 웹에서 이루어지는 것이다. 모바일과 SNS는 사람들의 행동에 변화를 일으키고 있다.

— 콘텐츠의 생산 비용은 줄고 사용자의 참여는 늘고

앞서 언급한 다양한 매스미디어·온라인 미디어·소셜 미디어의 변화는 결국 콘텐츠의 생산·유통·소비 비용을 감소시키고, 콘텐츠가 확산되는 속도를 빠르게 해주고 있다. 여기서 우리가 주목해야 할 점은 콘텐츠 생산에 들어가는 비용이 갈수록 더 줄어들고, 콘텐츠 유통의 창구가 누구에게나 열려 있어 콘텐츠 제공자의 규모가 더욱 작아지고 다양해질 것이라는 점이다.

신문사나 방송사를 차리지 않고도 개인이 쉽게 콘텐츠를 직접 생산하고, 개방된 유통망을 통해서 게재해 가치를 실현할 수 있게 되었다. 그리고 이러한 현상은 더욱더 확산될 것이다. 특히 스마트패드와 스마트TV 같은 새로운 매체가 등장함으로써 이에 맞는 콘텐츠에 대한 요구가 더욱 커질 것이다. 그 요구는 해당 매체의 특성에 맞는 최적화된 양식과 더욱 다변화된 다양한 분야의 콘텐츠에 대한 것이다.

이로 인해 콘텐츠는 다품종 소량생산 될 것이고 이러한 콘텐츠는 대형 출판, 기획사에서는 ROI(Return On Investment : 투자수익률)가 낮아 시도하기 어려울 것이다. 결국 미디어의 진화 속에서 개인이 콘텐츠의 생산자로 더욱 많이 참여하게 되어 콘텐츠는 롱테일의 특성에 따라 다변화될 것이다.

콘텐츠 유통 또한 콘텐츠 생산과 마찬가지로 사용자의 참여와 역할이 더욱 커질 것이다. 이미 SNS에서의 콘텐츠 유통은 신문이나 방송처럼 한 편집자의 손에 달려 있지 않다. SNS에서 주목받는 콘텐츠는 철저히 사용자 다수의 선택에 의해 이루어진다.

즉, 콘텐츠의 전파과정에 사용자들의 참여가 절대적이다. 결국 미래의 콘텐츠는 '사용자의, 사용자에 의한, 사용자를 위해' 생산되고 유통되며 소비될 것이다.

─ 언론사 권력을 해체한 포털

과거 언론의 힘은 신문기사에서 나왔고, 그것을 뒷받침해 준 것은 바로 유통의 힘이었다.

각 신문사들이 자체 배급소를 통해서 전국에 반나절이면 소식을 전달할 수 있는 막강한 유통의 파워를 가지고 있었다. 사실, 신문에 실린 기사가 중요한 것이 아니라 그 기사를 독자들에게 전달할 수 있는 권력을 지녔다는 점이 신문사가 가진 최대의 힘이었다.

각 배급소에서 신문지 안에 지역에 적합한 소식지를 끼워 제공하기도 했다. 그렇게 신문사의 콘텐츠가 아닌 또다른 콘텐츠도 함께 끼워서 제공할 수 있다는 점이 언론이 가진 콘텐츠 배급력이고, 그것이 영향력이었다.

그런데 이제 우리는 더 이상 신문을 보기보다는 포털에서 뉴스를 소비한다. 언론사의 뉴스는 디지털로 가공되어 포털에 전달되어 포털의 메인 페이지와 검색 등을 통해서 사용자에게 전달된다. 그러니 독자들은 당연히 뉴스를 생산한 신문사의 홈페이지를 방문하지 않는다. 포털을 통해서 뉴스는 유통되고 소비된다.

네이버는 2009년 초부터 '뉴스캐스트'라는 새로운 방식의 뉴스 유통 방식을 선보였다. 네이버에 게재된 뉴스를 네이버가 아닌 각 언론사의 홈페이지에서 직접 소비하도록 만든 것이다. 그럼에도 불구하고 사용자들은 항상 뉴스를 보기 위해 네이버에 방문하고, 모든 뉴스는 네이버를 통해 유통된다. 더 이상 독자들의 뇌리에 언론사의 이름은 존재하지 않는다. 미디어다음과 네이버 뉴스캐스트가 독자의 뇌리에 자리 잡을 뿐이다.

원래 신문사에서 만들어내는 기사 수백 개는 편집자의 결정에 따라 신문지에 배치된다. 신문 1면에 어떤 크기와 위치로 배치되느냐에 따라 기사의 주목도가 달라지고 그것이 신문사가 독자에게 행하는 영향력이 된다.

그런데 이런 언론사의 편집권이 기사가 해체되어 데이터로 포털에 전송되는 순간 사라지게 된다. 이렇게 데이터로 모인 수많은 언론사의 기사들은 포털의 편집권에 의해 재구성되어 포털을 방문한 사용자들에게 선보이게 된다. 여기서 포털의 영향력이 행사된다.

또한 이 같은 데이터들은 검색을 통해서 사용자들에게 다시 주목받을 기회를 얻게 된다. 물론 뉴스기사는 블로그·카페·아고라·SNS 등 인터넷에 존재하는 수많은 콘텐츠와 동일한 잣대로 평가받을 뿐이다.

특정 언론사의 기자가 작성한 콘텐츠라고 해서 더 주목받고 먼저 노출되는 특혜를 받는 것도 아니다. 모든 뉴스는 인터넷의 모든 데이터와 동일하게 취급받고 그 가치가 평가되어 검색 결과 페이지에서 정렬된다. 과거 언론사가 가졌던 콘텐츠의 유통과 편집과정에서의 특혜는 사라졌다.

― 방송사를 흔드는 유튜브

편집과 유통의 권한이 해체되는 이러한 현상은 방송산업에도 비슷하게 적용되고 있다. TV를 켜도 서너 개뿐이던 채널이 케이블 방송이 등장하면서 수십 개 이상으로 다양해졌다. 물론 채널은 많아졌어도 결국 주목받는 프로그램은 주요 방송사가 지배하고 있다. 그것은 온전히 좋은 품질의 콘텐츠가 보여주는 힘이다.

하지만 그 콘텐츠(프로그램)가 다른 채널로 옮겨진다면 더 이상 방송사의 브랜드는 유지되기 힘들다. 우리 머릿속에 언론사의 이름이 잊힌 것처럼 방송사의 이름도 사라질 수 있다. 방송사는 과연 어떤 브랜드로부터 위협받고 있을까?

바로 유튜브·훌루·넷플릭스·판도라 등이 방송사를 위협하는 브랜드다. 이들 서비스는 방송사처럼 직접 콘텐츠를 생산해 내지 않고 이미 생산된 콘텐츠를 유통하는 거대 유통 플랫폼이다.

향후 방송사는 이들 플랫폼에 채널의 하나로 들어갈 수 있다. 이것이 방송사를 흔드는 유튜브 등이 가진 힘이다. 결국 신문사를 위협한 포털처럼, 콘텐츠 유통의 장악을 기반으로 방송사마저 위협에 빠뜨리고 있다.

기존 방송의 최대 단점은 아이러니하게도 스마트폰이 주는 '리얼타임'이라는 특징이다. 방송은 불특정 대중이 동시에 청취할 수 있도록

시청자들의 눈길을 사로잡은 유통 플랫폼, 유튜브

한다. 그렇다 보니 특정 시간에 특정 프로그램이 일방적으로 송출된다. 그 시간에 시청하지 않으면 되돌려 볼 수 없다. 방송신호는 동기식으로 전달되어 이미 송출된 기존 내용을 볼 수 없다.

이를 극복할 수 있도록 도와주는 많은 TV 보조장치들이 개발되어 왔다. 'PVR'이라는 장치를 이용하면 방송을 녹화하고 원하는 시간에 원하는 방송을 선택해서 시청할 수 있다. 이 같은 PVR이 클라우드에 얹혀 제공되는 것이 넷플릭스·훌루·판도라 플랫폼이다. 또한 블로그와 카페처럼 개인이 방송을 할 수 있도록 해준 것이 유튜브다. 방송산업 역시 새로운 동영상 플랫폼으로 인하여 위협받고 있다.

심지어 아이튠즈의 팟캐스트는 라디오와 신문을 위협할 만큼 주목받고 있다. 2011년 말 《딴지일보》의 김어준 대표가 아이튠즈에 〈나는꼼수다〉라는 인터넷 라디오를 제공하면서 기존 제도권에서 만들어지는 신문과 라디오의 영향력을 넘어선 큰 반향을 불러일으켰다.

방송사를 위협한 유튜브처럼 팟캐스트는 라디오와 신문을 위협하고 있다. 그것은 사용자들이 스마트폰을 통해서 자율적으로 채널을 선택할 수 있는 접근성을 획득했기 때문에 가능하게 된 것이다. 아이튠즈에는 누구나 라디오 채널(비디오 채널도)을 개설할 수 있다. 라디오와 신문처럼 편집자의 선택을 받지 않아도 된다.

선택은 사용자들이 하게 된다. 많은 사람들이 관심을 가지게 되면 주목받게 되고, 주목받으면 더 많은 사람들에게 노출될 수 있는 인기를 얻게 된다.

유통권을 장악한 플랫폼 개발사

언론사를 넘어 포털 역시 이제 새로운 유통 플랫폼의 등장으로 위협받고 있다. 신문·잡지·책·영상·음악, 이 모든 것이 결국 디지털 상에서는 그저 데이터일 뿐이다. 데이터로 이루어진 그 콘텐츠가 어떻게 유통되느냐가 콘텐츠 산업의 핵심이다.

콘텐츠는 시대의 흐름에 따라 잊히고 새로 탄생한다. 산업의 규모는 그런 콘텐츠를 어떤 유통 플랫폼에서 쇼핑하고 선택하며 소비하느냐에 달렸다. 그중에서도 스마트폰의 등장으로 앱스토어(안드로이드 마켓)가 주목받고 있다.

앱스토어의 성공 이전에 애플의 아이튠즈는 음악과 영상을 유통하는 콘텐츠 유통 플랫폼이었다. 여기에서는 스마트폰에서 사용하는 앱을 유통할 수 있으며, 이제 그 범위는 점차 넓어져 책과 잡지 등의 콘텐츠 앱도 유통이 가능하다. 심지어 '아이북(iBook)'이라는 책 전용 스토어까지 등장했다.

사용자들은 이제 콘텐츠를 찾고 싶을 때 그 작은 스마트폰의 앱스토어·아이튠즈·아이북을 통해서 찾는다. 그러다 보니 이곳에 진열되지 못한 콘텐츠는 소비자의 선택권에서 멀어지게 된다. 콘텐츠는 웹에서처럼 페이지를 통해 전달되는 것이 아니라 스마트폰 속 앱을 통해서 전달된다.

최근 유통 플랫폼의 변화상을 보면, 글로벌 경쟁력을 갖춘 기업이 규모의 경쟁력을 기반으로 독과점 체제를 구축한다는 점을 알 수 있다. 또한 그 기업은 유통 플랫폼의 하부구조인 OS(Operating System)까지도 통합, 개발해서 제공하는 거대 플랫폼 기업이라는 점도 주목할 만하다.

즉, 애플과 구글 그리고 페이스북 등은 이미 모든 콘텐츠를 유통하는 거대 글로벌 유통 플랫폼이 되어가고 있다. 이들의 공통점은 글로벌 기업이라는 것과 동시에 그 유통 플랫폼의 하부구조인 OS를 개발한다는 점이다.

애플은 아이폰OS, 구글은 안드로이드, 페이스북은 소셜OS를 개발해 그들의 OS를 통해서 다양한 콘텐츠 생산자들이 자신의 정보를 사람들에게 노출하는 데 돕고 있다.

향후 콘텐츠 유통 플랫폼은 단순한 유통 플랫폼을 뛰어넘어 OS, 심지어 하드웨어까지도 장악할 수 있어야 할 것이다. 스마트패드, 스마트 TV 등의 새로운 기기 역시 그 안에 콘텐츠를 유통할 플랫폼을 장악하려면 OS, 하드웨어에 대한 장악력을 기본으로 갖추어야 한다. 그런 면에서 하드웨어 제조사 그리고 그 이전에 OS 개발사들이 향후 콘텐츠 유통망을 지배하는 핵심 기업이 될 것이다.

10

미래 콘텐츠의
최적화 조건

유통 플랫폼이 아무리 권력을 갖춰도 킬러 콘텐츠가 없으면 무용지물이다. 콘텐츠 없는 플랫폼은 앙꼬 없는 찐빵일 뿐이기 때문이다. 그렇다면 플랫폼의 변화에 따라 콘텐츠는 어떻게 변화할까? 그리고 콘텐츠 산업의 미래상은 어떠할까?

앞서 언급했듯이 콘텐츠의 본질은 변하기 쉽지 않다. 다만 플랫폼이 변화하면서 콘텐츠를 담아내는 형식의 변화는 눈에 띄게 커질 것이다.

물론 유통망의 장악에 대해서도 간과해서는 안 된다. 콘텐츠 자체만큼 핵심이 될 수는 없지만 유통망 역시 무시할 수 없는 중요한 요소이기 때문이다.

그렇다면 글로벌 경쟁력을 갖춘 규모의 기업이 콘텐츠의 유통을 장악해 버리면 로컬 기업들의 콘텐츠 산업은 가능성이 없는 것일까? 이번 장에서는 이러한 문제에 대해 깊이 있게 생각해 보자.

유통권보다 중요한 편집권

미래의 콘텐츠 산업은 유통보다 편집의 중요성이 높아질 것이다. 사실 아무리 콘텐츠가 많아도 사용자가 그 많은 콘텐츠 중에서 원하는 것을 찾는 일이 어려우면 정작 콘텐츠 소비는 적어질 수밖에 없다.

결국 웹에 게재된 수많은 콘텐츠 중에 다수가 관심을 가질 만한 콘텐츠를 잘 골라서 눈에 잘 띄는 상단에 적절하게 배치하는 운영력·편집력을 갖춘 곳이 포털이기에 한국의 웹 시장은 포털이 지배하게 되었다.

콘텐츠가 적을 때에는 유통이 중요하지만 콘텐츠가 많아지면 이 많은 콘텐츠에서 사용자들이 관심을 가질 만한 콘텐츠를 배치하는 편집권이 중요해 지게 마련이다. 백화점의 경쟁력은 소비자들이 좋아할 만한 상품을 적절하게 배치하는 진열 감각에 있다.

마찬가지로 수많은 콘텐츠는 검색을 통해 접근하기 쉽게 하고, 주목받을 만한 콘텐츠는 적절히 분류하고 배치해서 보기 좋게 제공하는 편집력이 콘텐츠 산업에서 중요한 역량이 될 것이다. 이러한 편집권은 대중이 무엇에 관심 있는지 반응하는지 살펴보고, 여론의 행방을 추적, 관리하면서 향상된다.

특히 웹과 포털의 다양한 서비스가 등장하면서 UCC가 주목받으며 사용자들이 직접 생산한 콘텐츠가 활성화된 것처럼 미래의 콘텐츠 시장에서는 UEC(User Editing Contents)가 주목받을 것이다. 사용자가

직접 콘텐츠의 배치를 구성해서 그렇게 편집된 콘텐츠를 다른 사용자들에게 선보일 수 있는 기능이 점차 커질 것이다.

실제로 음악 콘텐츠의 유통에는 이미 이러한 개념이 도입되어 선보이고 있다. 네이버 뮤직과 벅스 뮤직의 공개앨범에는 사용자들이 수많은 음악 중에서 개인의 취향에 맞게 선곡한 앨범이 공개되어 있다. 이렇게 공개된 앨범을 이용하면 사용자들이 직접 선곡한 다양한 종류의 음악을 즐길 수 있다.

전자책 시장 역시 사용자들이 기존에 출판된 책의 일부 데이터를 취합해서 완전히 새로운 책이 만들어져 유통될 것이다. 수많은 콘텐츠들이 디지털 데이터로 모이고, 이렇게 모인 데이터가 사용자의 참여에 의해서 재구성되어 새로운 형태의 콘텐츠가 만들어지는 것이다.

이처럼 다양한 시각으로 재구성된 편집 콘텐츠가 앞으로는 콘텐츠의 유통보다 더 중요하게 대두될 것이다. 그렇다 보니 콘텐츠 시장 역시 유통 플랫폼 외에 이처럼 데이터를 쉽게 재구성해서 새로운 편집 콘텐

츠를 구성할 수 있는 편집 플랫폼(퍼블리싱 플랫폼)에 대한 필요성이
커질 것이다.

사용자에 따라 달라지는 콘텐츠 구성

앱스토어에 30만 개가 넘는 앱이 있지만 사용자들이 이 앱들을 모두
원하는 것은 아니다. 따라서 사용자들이 관심을 가질 만한 주목도 높은
앱을 추천해 주는 것이 사용자들이 진정으로 원하는 것이다.

이런 이유로 아이튠즈, 앱스토어에는 사용자들의 취향을 분석해서 사
용자가 좋아할 만한 콘텐츠와 앱을 추천해 주는 서비스가 있다. 주문형
음악 서비스를 하는 '판도라'라는 스마트폰 앱이 있는데 이는 사용자의
취향을 분석해서 좋아할 만한 음악을 자동으로 추천해 제공한다. 이러
한 서비스는 사용자가 굳이 검색하지 않아도 자동으로 사용자가 원할
만한 콘텐츠를 취합해서 제공하는 개인화 콘텐츠 서비스인 셈이다.

미래에는 콘텐츠의 개인화가 눈에 띌 것이다. 수많은 콘텐츠 중에서
사용자의 소비패턴을 분석해 그가 처한 환경에 적합하며 원하는 콘텐
츠를 자동으로 제공할 것이다.

이러한 콘텐츠의 자동 선별에는 데이터마이닝(많은 데이터 가운데 숨
겨져 있는 유용한 상관관계를 발견하여 미래에 실행 가능한 정보를 추출해
내고 의사결정에 이용하는 과정)과 추천 알고리즘 등의 기술이 필요하다.

더 중요한 것은 선별된 콘텐츠가 사용자가 이용하는 어떤 기기(스크
린)에서든 최적화되어 보이고 들릴 것이라는 점이다. 이처럼 미래의 콘
텐츠는 그것을 드러내는 방식 역시 스마트해져서 해당 콘텐츠를 필요로

사용자가 좋아하는 음악을 자동으로 선곡해 주는 판도라

하는 곳이라면 어디든 자동으로 도달해 최적의 조건으로 제공하게 된다.

콘텐츠는 마치 맛있는 요리처럼 다양한 그릇에 담겨 소비자에게 전달된다. 그런데 그릇과 요리가 궁합이 맞아야 하는 것처럼, 기기에 따라 콘텐츠의 구성과 형태도 달라지게 된다.

컴퓨터·스마트폰·스마트패드·스마트TV 등 다양한 종류의 기기별로 콘텐츠의 형태와 주목받을 만한 킬러 콘텐츠는 다르다. 기기에 따라 스크린의 크기가 다르고 사용자의 환경도 다르기 때문이다.

스크린에 따른 최적의 킬러 콘텐츠

이동을 하며 볼 수 있는 스크린의 적합한 크기는 현재 대부분의 스마트폰 크기인 4인치다. 반면 가방에 휴대하며 카페, 벤치 등에서 무릎이나 책상 위에 올려두고 사용하기에 적합한 크기는 10인치 내외인 스마트패드의 스크린이다.

책상 위에 고정된 상태에서 사용하기 적합한 크기는 24인치로 컴퓨터와 연결해서 사용하는 모니터다. 마지막으로 거실에 온 가족이 모여 앉아 소파에서 약 2~3미터 거리를 두고 사용하는 TV의 스크린 크기는 40인치가 적당하다. 그렇다면 이러한 스크린에 어떤 콘텐츠가 제공되는 것이 적합할까?

사실 이 문제는 스크린의 크기가 아니라 해당 스크린을 주로 사용하는 장소와 시간 그리고 의도에 의해 결정된다. 멀리 떨어져 편안한 자세로 시청하는 TV는 스트레스 없이 볼 수 있는 영상이 적합하다. 일반적으로 시청하는 TV 프로그램과 영화 등이 적합한 콘텐츠다.

반면, 거리·버스·지하철 등에서 시도 때도 없이 들여다볼 수 있는 4인치 스크린은 날씨·교통정보·뉴스·검색 등의 정보형 콘텐츠와 사진·음악·영상클립 등의 엔터테인먼트 콘텐츠가 적합하다. 물론 SNS나 SMS 등의 간단한 메시징도 킬러 콘텐츠에 속한다.

10인치 스크린은 전자책·잡지 등의 종이 콘텐츠를 소비하기 적합하다. 또한 컴퓨터처럼 웹 서핑을 하기에도 적당하다. 컴퓨터의 경우 웹과 동영상 등을 복합적으로 즐기는 콘텐츠 소비 이외에 콘텐츠를 생산(가공, 편집)하는 용도로 적합하다. 물론, 게임과 영상은 모든 스크린에서 킬러 콘텐츠로 자리 잡기에 충분하다.

앞으로 스크린의 종류는 더욱 많아질 것이다. 이미 자동차에 장착되는 8인치와 거리마다 세워진 수십 인치의 디지털 사이니징에 이르기까지 다양한 크기가 나와 있으며 앞으로 더욱 다양해질 것이다.

또한 이들 스크린에 콘텐츠가 제공되려면 스크린 크기와 해당 스크

	아이패드2	갤럭시탭10.1	킨들 파이어
디스플레이	9.7인치, 1024x768	10.1인치, 1280x800	7인치, 1024x600
무게(그램)	612	564	414
OS	iOS 5.0	안드로이드 3.1	안드로이드
메모리 용량	1Ghz 듀얼코어, 16/32/64GB	1Ghz 듀얼코어, 16/32/64GB	1Ghz 듀얼코어, 8GB
네트워크	블루투스2.1, WiFi, 3G	블루투스3.0, WiFi, 3G	WiFi, USB2.0
멀티미디어	3.5mm오디오, 내장 스피커, 720p 비디오, 마이크	3.5mm오디오, 내장 스피커, 마이크, 720p 비디오 레코딩, 1080p 재생	3.5mm 오디오, 내장 스피커
카메라 브라우저	VGA Front, HD rear 사파리(플래시 지원 안 함)	200만 화소(앞), 300만 화소(뒤) 플래시 지원	없음 아마존 실크
가격	$500	$500	$199

린의 하드웨어와 소프트웨어의 특성을 가리지 않고 콘텐츠가 유통될 수 있는 통일된 전송규격과 유통규약이 필요하다. 현재는 모든 플랫폼을 가리지 않는 표준 통신규격이 TCP/IP이고, 이것을 이용한 콘텐츠의 표준포맷이 HTML이다.

그러나 앞으로 모든 기기를 가리지 않는 표준포맷으로 어떤 기술이 주목받을지는 지켜보아야 할 문제다. HTML5로 거듭나고 있는 기존 HTML의 차기 버전이 계속 주목받을지, 플래시나 실버라이트가 다시 주목받을지 관심을 모으고 있다.

— 콘텐츠를 숙성시키는 항아리, 클라우드

차세대 콘텐츠는 그 자체로 존재하기보다는 다른 콘텐츠나 서비스와의 결합을 통해서 유기체처럼 변화한다. 항아리에 담긴 고추장이 시간의 흐름 속에서 숙성하듯이 콘텐츠도 데이터센터 속 클라우드에 담겨 숙성되고 진화할 것이다.

각자의 컴퓨터 속에는 수많은 음악·사진·동영상·문서파일들이 저장되어 있다. 그 모든 것이 콘텐츠다. 하지만 그 콘텐츠가 컴퓨터 속 하드디스크에 담겨 있을 때에는 그저 죽은 데이터일 뿐이다.

반면 클라우드에 담긴 콘텐츠는 다른 데이터나 서비스와 연계되면서 스마트한 콘텐츠로 숙성될 수 있다. 이렇게 숙성된 콘텐츠는 클라우드에 연결된 사용자가 필요할 때 사용자의 기기 특성에 맞게 최적화되어 제공될 수 있다. 클라우드에 담긴 데이터들은 이처럼 고립되어 있지 않다. 클러스터로 구성된 클라우드 어딘가의 수많은 콘텐츠 그리고 서비스(앱)가 상호작용하면서 마치 우주가 탄생되는 것처럼 새로운 콘텐츠의 재탄생이 이루어진다.

'구글독스'라는 웹 오피스에서 파일을 작성하고 해당 문서를 공유하면, 웹을 통해 어느 사용자든지 그 파일에 접근해서 수정할 수 있다. 수정된 내용은 고스란히 웹을 통해 다른 사용자들에게 공유된다. 물론 이 파일은 내가 사용하는 어떤 기기나 소프트웨어에서든 불러들여서 볼 수 있고 수정할 수 있다.

클라우드에 연결된 인터넷의 말단 장치(end effector)에서 요구하는 콘텐츠는 클라우드 속에서 가공되고 변환된다. 그 콘텐츠는 기기의 스크린과 OS의 특성에 따라 자동으로 최적화되는 것은 물론 사용자의 요구사항에 따라 콘텐츠가 서비스와 결합되어질 것이다.

즉, 콘텐츠를 시청하면서 다른 사용자들과 대화를 나눌 수도 있고 해당 콘텐츠를 지인과 공유할 수도 있다. 콘텐츠를 재생하는 화면을 구성하는 것이 가능하고, 클라우드에서 꺼낸 콘텐츠를 재구성해서 재판매하는 것도 가능할 것이다. 이것이 향후 클라우드 속 콘텐츠가 보여줄 미래 가치다.

― 살아 숨 쉴 미래의 콘텐츠

미래의 콘텐츠는 기기의 제약에서 완전히 분리될 것이다. 사용자가 어떤 기기, 어떤 플랫폼을 사용하든지 사용환경에 맞춰서 콘텐츠가 제공될 것이다. 그렇기 위해서는 콘텐츠를 출력하는 방식 자체가 스마트해져야 한다.

모든 콘텐츠는 클라우드에 담겨져 사용자가 필요로 하면 즉시 자동으로 사용자의 요구에 맞는 콘텐츠가 선택되고, 원하는 형태로 가공되어 사용자의 환경에 맞게 변환되어 제공될 것이다. 이러한 미래환경에서 콘텐츠는 마치 인터넷에 연결된 모든 컴퓨터가 고유한 IP 주소를 가지는 것처럼 콘텐츠 자체도 고유한 주소를 가지고, 다른 콘텐츠와 상호 데이터를 주고받으면서 작용할 것이다.

기기가 서로 연결되듯(Machine to Machine) 콘텐츠도 콘텐츠 간에 연결되면서 상호작용 속에 새로운 콘텐츠가 재탄생하고, 기존 콘텐츠도 스스로 진화해 갈 것이다. 더 많은 데이터를 포함하면서 콘텐츠가 마치 웹사이트처럼 규모화될 것이다.

11

마음을 움직이는 기술이
세상을 바꾼다

21세기는 한치 앞을 내다볼 수 없는 세상이다. 이제껏 당연하게 여겨졌던 기준이나 관점이 무너지고 사람들을 놀라게 할 사건들이 속출하고 있다. 세계적으로 성공한 구글·페이스북·트위터 같은 기업의 경우, 고작 20대에 불과한 청년이 창업을 했다는 공통점이 있다.

이러한 신생기업의 급성장은 거대 자본을 기반으로 한 대기업만 보아오던 우리에게 이 시대의 가치가 무엇이며 그 구조가 어떠한지를 알려준다. 세상이 바뀌었기에 기득권을 가진 40대 이상의 중장년층이 아니라 경험이 일천한 청년이 성공적인 성과를 거둘 수 있게 되었다.

급변하는 환경 속에서는 경험 속 지식보다는 기발한 창의력에 바탕을 둔 지혜가 더 큰 성공을 보장하는 것이다.

━━ 성공을 장담할 수 없는 기술 개발

컴퓨터가 등장하자 많은 미래학자와 전문가들은 종이가 사라질 것이라고 예상했다. 하지만 예상과 달리 종이는 오히려 수요가 더 급증했다. 컴퓨터와 함께 보급된 프린터를 많이 쓰다 보니 컴퓨터 이전에는 사용하지 않던 A4 인쇄용지가 더 많이 팔린 것이다. 이처럼 미래는 수많은 변수에 의해 예상대로 진행되지 않을 때가 많다. 이는 우리가 주목해야 할 기술분야 역시 마찬가지다.

우리는 모든 신기술이 성공하지 않았으며 때로는 기대 이하의 결과로 쓴잔을 마셨음을 수많은 사례를 통해 알고 있다. 대표적인 것이 시티폰이다.

1990년대 중반 등장한 이 기기는 전화를 걸거나 받을 수 없는 삐삐의 단점과 저렴한 가격의 통신수단인 공중전화기의 장점을 결합한 것이었다. 하지만 휴대전화의 등장으로 금세 사라져버렸다.

이후 휴대전화를 사라지게 할 만한 더 놀라운 기술인 IMT-2000이 출시되었다. 전 세계 어디서나 같은 번호로 휴대전화를 사용할 수 있는 IMT-2000은 휴대전화보다 더 훌륭한 기술이었다. 하지만 더 상위 기술인 IMT-2000은 보급에 실패하고 시티폰과 같은 처지가 되고 말았다.

초고속 인터넷인 케이블 모뎀, ADSL 등이 보급되던 1998년 이전에도 시티폰처럼 쓴잔을 마신 기술이 많았다. CO-LAN·ISDN·TT선·Direct컴퓨터 등이 초고속 인터넷 이전의 인터넷인데, 사용자를 충분히 확보하지 못해 보급에 실패한 경우가 많았다.

PDA도 그렇다. 스마트폰이 등장하기 한참 전에 상용화된 PDA는 스마트폰처럼 시장에 안착하지 못했다. 일부 얼리어답터만의 전유물로 전락했을 뿐 보급에는 실패했다.

　이처럼 모든 신기술이 무조건 사용자들에게 수용되는 것은 아니다. 그렇기에 시장에서 어떤 기술이 채택되어 보편화되는지 진단하고 예측하는 일이 중요하다. 미래를 제대로 예측해야만 실패하지 않는 전략을 수립할 수 있기 때문이다.

한국 내 전자책 단말기의 불투명한 미래

　전자책 단말기는 전 세계 최대 인터넷 서점인 아마존이 미국에서 전용 단말기인 킨들을 보급하면서 본격적으로 주목받기 시작했다. 사실 미국에서 킨들은 꾸준히 성장하고 있다. 하지만 한국에서는 거의 주목을 받지 못하고 있다.

　결국 PDA와 같은 길을 걷고 있는 것이다. PDA처럼 느리게 성장하고 있는데다가 PDA보다 더 나은 기기가 전자책 단말기의 미래를 암담하게 하고 있다. 바로 아이패드 같은 스마트패드 때문이다.

　전자책 단말기는 스마트패드에 확연하게 밀리고 있다. 가장 큰 이유는 전자책 단말기는 오로지 전자책 전용 포맷으로 준비된 책만을 읽을 수 있는 반면, 스마트패드는 독서 이외에도 영화감상, 음악재생, 인터넷 검색 등 다양한 용도로 사용할 수 있기 때문이다. 게다가 전자책 단말기에 참여하는 출판사는 적은 반면 스마트패드에 참여하는 콘텐츠 업체는 늘어가고 있다.

　소비자의 입장에서 전자책 단말기와 스마트패드를 모두 구입하기에는 버거울 것이다. 그렇다면 어느 것을 선택하겠는가? 답은 너무나 분명하다.

― 유지의 관성을 깨뜨려야 살아남는다

기술이 뛰어나다고 해서 무조건 시장에 안착하지 못한다는 사실을 앞서 여러 사례를 통해 알아보았다. 이전에 없던 새로운 기술임이 분명한데도 이런 결과가 생기는 이유는 무엇일까?

신기술이 수용되려면 기술을 수용하지 않을 때 발생하는 불편함과 기회비용이 커야만 한다. 무조건 신기술이라면 추종하는 얼리어답터처럼 새로운 제품이 좋아서 구매하는 사용자는 그리 많지 않다. 오히려 대중은 기술을 수용함으로 겪게 되는 변화에 부담을 느끼기 때문에 쉽사리 신기술을 받아들이지 않는다.

변화를 거부하고 현실을 유지하고 싶은 관성이 있는 것이다. 끝까지 버티다가 기술을 받아들이지 않을 때 발생하는 손실이 클 경우, 혹은 기술을 받아들임으로 얻게 되는 가치가 이 기술을 받아들이는 데 들어가는 투자비용을 상회할 경우에 마지못해서 선택하게 된다.

그러므로 개발자의 입장이든 사용자의 입장이든 새로운 기술이 등장할 때는 무조건 기술에 현혹될 것이 아니라 매의 눈으로 날카롭게 바라보아야 한다. 가까운 지인에게 보여주고 그들의 태도를 객관적으로 살펴볼 필요가 있다. 그들의 마음이 움직여야만 그 기술이 수용되고 그렇게 수용된 기술이 플랫폼이 되어 세상을 바꾸게 된다.

SMART DNA로 똑똑하게 일하라

스마트 시대의 업무력은 도구를 어떻게 활용할 수 있는지에 따라 결정된다. 그렇다고 리더십, 커뮤니케이션 스킬, 기획력, 창의력 같은 기본적인 자질들이 필요 없는 것은 아니다. 오히려 직장인에게 공통적으로 필요한 이러한 역량을 스마트한 도구를 활용함으로써 배양하고 최적화해야 한다.

물론 기업과 업무, 직무 등에 따라 영업력·협상력·표현력·발표력·정리력 등의 전문기술이 별도로 더 필요하기도 하지만, 이런 역량들 역시 스마트워크에서 제외되는 대상은 아니다.

커뮤니케이션 스킬의 경우, 기존에 얼굴을 맞대고 직접 지시하며 소통하던 것과 달리 디지털 시대에는 메신저와 메일을 통해 커뮤니케이션을 한다. 이제 스마트 시대에는 스마트폰을 이용한 모바일 메신저와 SNS를 활용한 달라진 커뮤니케이션 스킬이 필요하다.

결국 스마트한 도구가 등장하고 기술이 발전하면서 기업 내 문화와 직장의 근무형태를 변화시키고 있음은 부인할 수 없는 현실이 되었다. 그렇기에 3부에서는 새로운 스마트 시대에 필요한 직장인의 공통적인 역량을 어떻게 스마트하게 개선할 수 있는지에 대해 자세히 알아보고자 한다.

1
공간을
초월하는 업무력

당신은 평소 스마트패드를 들고 다니며 외부에서도 틈틈이 회사 업무를 보는가? 스마트폰을 즐겨 쓰며 회사 메일과 스케줄을 외부에서도 챙겨 보는가?

회사에 없어도 업무를 볼 수 있는 준비가 되어 있다면 당신은 이미 스마트한 직장인이다. 물론 이 말이 1년 365일 일에 매달려 있으라는 말은 절대 아니다. 만일 주말에도 회사에 출근해 일을 하거나 회사에서 못다 한 일을 집까지 가져온다면 당신은 스마트한 직장인이 아니다.

장소를 불문하고 업무에 임할 수 있는 준비가 항상 되어 있어야 신속하게 의사결정을 할 수 있다. 속도가 중요한 시대이기에 어디서나 필요로 하는 정보와 자료에 접근해서 업무를 파악하고 판단하는 것이 중요할 수밖에 없다. 물론 이러한 대기상태를 족쇄라 생각할 수도 있다. 언제 어디서나 업무에 묶여 있어 사생활과 여유는 사라지고 스트레스만 늘어난다고 치부할 수 있다.

하지만 긍정적으로 바라보면 어디서나 일할 수 있는 상태이기에 회사에 출근하지 않고도 업무를 볼 수 있고, 회사라는 공간의 제약을 받을 필요가 없으니 업무를 수시로 해결할 수 있어 전체 업무시간은 오히려 줄어드는 효과도 있다.

스마트폰으로 어디서나 가능해진 업무

디지털 시대에는 많은 직장인들이 사무실이 아닌 외부에서 업무를 보기 위해 노트북을 이용했다. 쉽게 휴대할 수 있으면서도 데스크톱과 성능이 비슷하고 편리하게 사용할 수 있다 보니 노트북은 꾸준히 인기를 얻어왔고 기능 역시 계속해서 진화해 왔다.

하지만 1킬로그램이 넘는 노트북을 하루 종일 어깨에 메고 다니는 일은 버거울 때가 있다. 또한 어디서든 노트북을 열고 컴퓨팅 작업을 하기에는 불편한 것이 사실이다.

이런 상황에서 볼 때, 움직이는 사무공간 시대를 제대로 만들어준 것은 스마트폰과 스마트패드다. 그렇다고 스마트폰이 단지 노트북보다 휴대하기가 간편해서만은 아니다.

스마트폰은 노트북보다 훨씬 빨리 켤 수 있다. 아니 항상 켜져 있기 때문에 컴퓨터처럼 부팅할 필요 없이 바로 사용할 수 있다. 게다가 24시간 인터넷에 연결되어 있다. 3G HSDPA로 언제나 인터넷에 연결되어 있기 때문에 노트북처럼 WiFi나 랜선을 찾아다니지 않아도 바로 인터넷을 사용할 수 있다. 가장 중요한 것은 한 손으로 사용이 가능하다는 점이다.

스마트폰의 이 같은 특징 때문에 모바일 오피스 시대가 개막되고 있다. 군이 노트북이 없어도 스마트폰만으로 외부에서 업무를 처리하고 결재하고, 필요한 정보를 파악해 의사를 결정할 수 있게 된 것이다.

물론 노트북보다 성능이 떨어지며 화면이 작고 타이핑이 불편하지만 노트북보다 뛰어난 점이 많다 보니 앞으로 스마트폰 기반의 모바일 오피스는 트렌드가 아닌 문화로 자리 잡을 것이다. 결국 다양한 IT 도구를 상황에 맞게 선택해 업무에 임할 수 있는 환경을 갖추는 것, 즉 공간을 초월한 업무력이 필요하다.

— 업무의 연속성을 높여줄 기술

스마트 시대는 집과 회사뿐 아니라 어느 곳에서도 업무를 수행해야 하는 세상이다. 통신사인 KT는 스마트센터를 지역별로 두어서 외근이나 출장을 나온 사원들이 장소에 구애받지 않고 업무를 볼 수 있도록 했다. 회사에서 지정된 자리에 앉아 일할 필요조차 없어진 것이다.

사실 외근이 잦은 영업사원의 경우, 하루 종일 회사에 앉아 있지 않기 때문에 이들을 위해 회사의 자리를 비워두는 것이 공간 낭비가 될 수 있다. 필요할 때만 출근해 자리에 구애받지 않고 어디서든 일할 수 있는 환경을 조성하는 것이 스마트워크의 첫걸음이다.

물론 스마트워크의 환경이 단지 어디서나 일할 수 있는 자리만 제공한다는 의미는 아니다. 어디서 일하든지 동일한 업무환경이 유지되어야 한다. 평소 사용하던 컴퓨팅 환경과 인터넷 환경이 연속되어서 업무에 필요한 자료와 정보를 어디서나 동일한 조건에서 이용할 수 있어야 한다.

또한 스마트워크는 어떤 디지털 기기를 이용해서든 업무 관련 문서와 데이터에 연결할 수 있도록 하는 자유로운 접근이 필요하다. 인터넷에 연결 가능한 기기는 늘어만 가는데 정작 기기마다 서로 다른 문서파일들이 저장되어 있으면 업무의 연속성이 떨어질 수밖에 없다. 그래서 서류와 데이터가 기기마다 모두 동일하게 저장되도록 하는 파일의 접근성이 중요하다.

결국 초공간 업무력을 위해서는 스마트폰, 스마트패드 등의 최신 모바일 기기에 익숙해야 한다. 그리고 클라우드(네이버 N드라이브·다음 클라우드·KT 유클라우드·드롭박스 등)와 웹 오피스(구글독스)의 최신 기술에도 능숙해야 한다.

최신 모바일 기기는 어디서든 업무를 볼 수 있도록 만들어주고, 클라우드와 웹 오피스는 동일한 문서에 접근할 수 있는 가능성을 보장하기 때문이다. 웹 오피스와 웹 메일, 캘린더 등은 동일한 업무 데이터를 이용할 수 있도록 해준다. 이 같은 도구에 능숙해야 장소에 구애받지 않고 어디서나 업무를 효율적으로 처리할 수 있다.

하지만 그보다 더 중요한 것은 업무에 임하는 태도다. 자리에 앉아야만 일을 할 수 있다는 고정관념에서 빨리 벗어나야 한다. 대부분의 직장인은 회사의 데스크톱 앞에 앉아야만 일을 할 수 있다고 생각한다. 정전이 되거나 인터넷 연결이 안 되면 컴퓨터를 사용할 수 없어 업무를 볼 수 없다고 여기곤 한다. 노트북을 들고 회의실에서 일하고, 스마트패드를 가지고 기차에서 업무를 보고, 스마트폰으로 커피숍에서 일할 수 있어야 하는데 말이다.

내가 있는 그곳이 어디든 일할 수 있는 만반의 자세를 갖추는 것이 중요하다. 도서실이나 학교에서만 공부할 수 있다는 고정관념을 버려야만 하는 것과 같다. 공부를 잘하는 학생은 버스나 지하철, 공원 어디서든 공부에 전념하게 마련이다. 일하는 공간에 대한 고정관념을 탈피하는 것이야말로 스마트워크를 대하는 기본자세다.

— 일상이 되고 있는 오피스의 세 가지 형태

이처럼 다양한 업무공간도 장소에 따라 분류해 보면 크게 세 가지로 정리할 수 있다.

첫째, '모바일 오피스'라 할 수 있는 이동 현장이다. 외근이나 출장이 잦은 직장인이라면 회사는 동료를 만나는 공간일 뿐 업무는 대부분 현장에서 처리하게 된다. 그런데 외부에 있다 보니 회사 컴퓨터에 저장된 각종 자료들을 필요할 때에 사용하기가 어렵다.

그래서 필요한 것이 앞서 언급한 클라우드 서비스다. 이러한 서비스를 이용하면 컴퓨터의 파일이 클라우드에 자동으로 동기화되어 저장된다. 노트북·데스크톱·스마트패드·스마트폰 등 어떤 기기로든 클라우드에 저장된 문서를 열어보고 편집할 수 있다.

둘째, '홈오피스'라 할 수 있는 자택이다. 평소 업무 관련 스케줄을 구글캘린더에 저장하고, 메일은 지메일을 사용하며, 각종 회의록과 업무 보고서는 웹 오피스와 에버노트 같은 서비스를 이용하면 회사 컴퓨터가 아닌 집 컴퓨터를 사용하더라도 같은 환경에서 문서작업과 데이터 편집이 가능하다.

컴퓨터가 다르면 소프트웨어도 설치해야 하고 자료 유출 등을 걱정해야 하지만 웹 오피스나 에버노트, 구글의 웹 서비스를 사용하면 브라우저를 이용해서 가상의 오피스 환경을 구축할 수 있다.

셋째, 그밖에 스마트폰이나 스마트패드를 이용할 수 있는 모든 곳이 업무공간이 된다. '스플래시톱(Splashtop)'이라는 앱을 이용하면 회사(또는 집) 컴퓨터에 원격으로 연결해서 컴퓨터를 조정할 수 있다. 회사 컴퓨터에만 설치되어 있는 프로그램이나 업무 관련 사내 인트라넷까지 사용할 수 있는 것이다.

아이폰, 아이패드에 제공되는 페이스타임이나 아이메시지 혹은 스마트폰용 마이피플 등을 이용하면 화상통화로 서로 얼굴을 보며 회의를 할 수 있으며 무료로 문자 메시지를 나눌 수도 있다.

클라우드에 능숙해지기 위한 다양한 툴

앞서 클라우드의 개념에 대한 간략한 설명을 한 바 있다. 여기서는 공간의 제약을 없애준 클라우드의 상세한 기능에 대해 조금 더 알아보자.

공간을 초월하는 업무력을 기르기 위해 클라우드를 능숙하게 활용하는 지식은 반드시 필요하다. 구글 클라우드의 경우, 데이터의 저장을 넘어 사용자의 웹·기기·네트워크 경험까지도 고스란히 저장해 주는 유저 로그 클라우드(User Log Cloud)를 제공하고 있다. 다양한 경로를 통해서 사용자의 인터넷 사용내역이 속속 저장되는 것이다.

단순히 저장만 되는 것이 아니라 사용자가 특정 기기로 구글에 로그인하는 순간, 해당 기기로 그 데이터가 동일하게 복제된다.

특히 구글크롬에서 제공하는 확장 기능은 구글이 제공하는 데이터 API를 활용해 구글 계정에 다양한 데이터를 저장하게 해준다. 사용자가 즐겨찾기한 북마크와 같은 정적인 데이터 외에도 크롬을 이용해서 열어본 페이지 내역과 특정 컴퓨터에서 열어둔 크롬 브라우저의 탭마저 저장한다.

이렇게 저장된 정보를 기반으로 사용자는 어떤 컴퓨터에서나 크롬과 구글 계정만 있으면 동일한 사용자 경험을 유지할 수 있다. 크롬에서 열어둔 탭을 여러 컴퓨터에서 동일한 내역으로 사용할 수 있도록 해주는 탭 클라우드http://bit.ly/pUJev9를 이용하면 어떤 컴퓨터에서나 브라우저로 열어본 창을 동일하게 유지할 수 있다.

캘린더·주소록·구글토크·구글리더 같은 구글의 서비스와 안드로이드·구글크롬 등을 사용하면 구글의 클라우드가 주는 업무적인 가치를 쉽

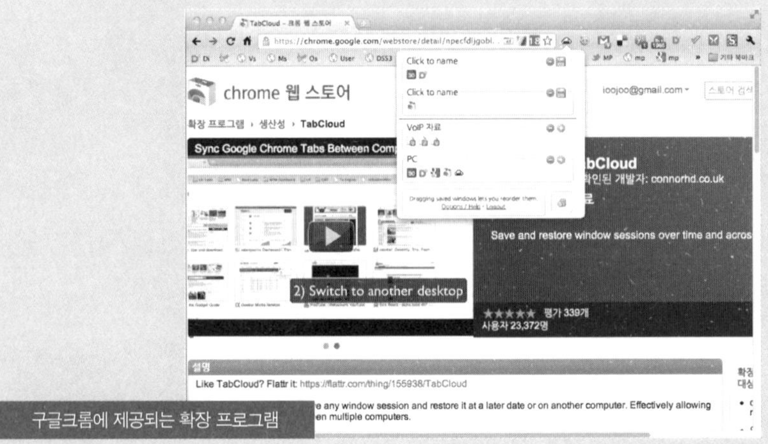

구글크롬에 제공되는 확장 프로그램

게 체험할 수 있다.

프리랜서라면 구글 클라우드를 활용해 기업의 총무팀, 인프라팀 못지않은 풍부한 업무지원을 받아보자. 이미 많은 국내외의 SOHO, 작은 기업에서는 '구글앱스'라는 구글의 기업용 IT 지원 서비스를 이용하고 있다. 구글앱스까지 사용할 필요가 없다면 구글의 다양한 서비스를 즐겨 쓰는 것만으로도 업무 생산성이 크게 높아질 것이다.

2

생산성을 높이는
'똑똑한' 시간관리

누구에게나 하루에 주어진 시간은 24시간으로 동일하다. 하지만 그 시간의 가치는 다르다. 사람에 따라 시간당 생산성이 다르기 때문이다.

일당이 1만 원도 안 되는 사람부터 수천만 원의 가치를 만들어내는 사람까지 시간당 생산성은 천차만별이다. 그러니 우리의 연봉이 저마다 다른 것이다.

따라서 스마트 시대의 시간관리는 시간당 생산성을 높이는 데 있다. 일하는 시간을 늘리는 것이 아니라 적게 일해도 생산성을 높이는 것이 진정한 시간 관리력이다.

누구나 적게 일하면서 많이 벌고 싶은 욕망이 있다. 하지만 직급이 올라갈수록 높아지는 연봉에 비례해 일하는 시간도 늘어나는 것이 일반적이다.

상사들은 언제나 직급이 더 높은 상사의 호출을 받고 달려간다. 회의도 곱절이나 많고 주말이나 휴일에도 회사에 나오는 등, 항상 업무에 빠져 사는 워커홀릭처럼 보인다. 우리가 꿈꾸는 스마트한 시간관리는 이렇게 시간에 매여 사는 것이 아닌데 말이다. 그렇다면 누가 보아도 성공했다고 인정받는 스티브 잡스, 빌 게이츠, 이건희, 안철수 같은 사람들의 하루는 어떨까?

사실 시간에 지배당하는 하드워커(워커홀릭)와 시간을 지배하는 쿨워커의 차이는 백지 한 장 차이다. 쿨워커 역시 하드워커와 마찬가지로 항상 일에 매여 산다. 언제나 일을 생각하고 온 신경이 업무에 쏠려 있다. 그것은 일에 미쳐 있기에 당연한 결과다. 하지만 다른 점이 있다면 하드워커는 일에서 벗어날 수 없지만, 쿨워커는 일에서 벗어날 수 있다는 것이다.

쿨워커는 일에 대한 강약조절을 할 수 있고 스스로 업무를 조율하기 때문에 잠시 쉬어갈 수 있다. 일에서 멀어져 여가를 즐기다가 다시 일에 복귀해도 흐름을 잃지 않는다. 그것이 쿨워커의 힘이다.

반면, 하드워커는 불가능하다. 하드워커는 항상 일에 빠져 산다. 일과 잠깐 멀어지면 다시 일로 복귀하기 어렵기 때문이다.

이는 업무를 바라보는 태도와 역량에 달렸다. 일을 행복과 자아실현을 위한 수단으로 바라보고, 일 자체를 목적으로 하지 않는 것이 쿨워커의 자세다.

일이 목적이 되면 사랑에 미친 스토커처럼 현실을 객관적으로 바라보지 못하고 사랑 그 자체를 모든 것으로 바라보게 되어 주변 사람들을 지치게 하고, 자신마저 망가뜨린다. 하지만 쿨워커는 일을 수단으로만 여기기 때문에 일을 냉정하게 바라볼 수 있고, 일과 적당한 거리를 두면서 일을 객관적·논리적으로 바라볼 수 있는 것이다.

쿨워커는 항상 일에 연결되어 있어야 한다. 때로는 멀어지더라도 스마트 도구를 이용하여 언제든 업무에 복귀할 수 있도록 끈을 놓아서는 안 된다.

스마트 시대에 이러한 쿨워커의 특징을 잘 활용하여 능력을 십분 발휘할 수 있기를 바란다.

━ 자투리 시간도 놓치지 않는 스마트 도구들

쿨워커가 일과 24시간 연결될 수 있도록 해주는 장치가 바로 모바일 기기 같은 스마트 도구들이다. 이는 시간을 효율적으로 사용할 수 있도록 도와준다.

사실 수많은 현대인들이 바쁘다고 아우성치지만 하루 24시간 중 꽤 많은 자투리 시간을 허비하고 있다. 엘리베이터를 기다리는 시간, 버스와 지하철을 타고 이동하는 출퇴근 시간 등 말이다. 하지만 스마트 도구는 이러한 자투리 시간을 생산적으로 활용할 수 있도록 해준다. 이 시간만 잘 활용해도 놀라운 업무성과를 얻을 수 있을 것이다.

사실 대부분의 직장인이 업무시간인 오전 9시부터 저녁 6시까지 매시간 일에만 열중하는 것은 아니다. 우리의 집중력을 방해하는 많은 요인들 때문에 업무의 연속성은 떨어지게 마련이다. 집중력을 유지하기 위해 이러한 방해요소들을 없애고 열중한다고 해도 시간을 100퍼센트 제대로 활용하기는 어렵다.

그렇다면 오히려 낭비되는 업무 외의 시간들을 제대로 활용하는 지혜가 필요하다. 집중되지도 않는 시간에 더 집중하려고 노력하는 것보다 그 시간은 차라리 여유를 가지고 시간을 보내는 것이 낫다.

그 대신 자투리 시간을 잘 활용해서 업무시간에 집중력이 부족해 끝내지 못했던 일을 보충하는 지혜가 필요하다. 스마트폰 같은 모바일 기기로 메일을 확인하거나 피드백을 보내고 다양한 정보를 검색하거나 아이디어를 구상할 수 있다. 미루어둔 의사결정을 자투리 시간에 전혀 다른 각도에서 바라보면서 할 수도 있다.

오랜만에 대학동기를 만나러 가기 위해 탄 버스에서 약속장소까지 가는 30여 분을 그저 멍하니 보내기보다는 쉽게 결정하기 어려웠던 업무를 해결하는 시간으로 활용하면 어떨까?

신상품 기획을 위해 중요한 신기술에 투자할지 여부를 굳이 무거운 회의에서 토론하며 결정해야만 하는 것은 아니다. 어차피 예상되는 문제와 우려 그리고 가능성과 기대는 이미 다양한 자료를 토대로 정리되어 있다.

정리된 내용을 스마트폰이나 스마트패드로 다시 보면서 버스나 지하철 혹은 약속장소에서 틈내어 고민할 수 있다. 평소 고민하던 장소가 아닌 전혀 엉뚱한 곳에서 더 기발한 상상력과 창의력이 나올 수 있으며 의사결정의 확신을 얻을 수도 있다.

물론 스마트 도구를 활용해 자투리 시간을 활용할 때도 주의할 부분은 있다. 인터넷에 쉽게 접근할 수 있다 보니 너무 많은 정보를 받아들여 오히려 의사결정을 신속하게 하는 데 방해가 될 수도 있다는 것이

시간관리를 돕는 다양한 도구들

1. 자료정리 서비스

자료를 정리해서 필요할 때 유용하게 볼 수 있는 서비스로는 에버노트, 인스타페이퍼(instapaper) 등이 있다. 그리고 블로그나 신문의 RSS를 구독해서 볼 수 있는 구글리더나 애플의 리더(Reader) 같은 RSS 리더기, 트위터와 페이스북 등의 SNS를 좀 더 편리하게 볼 수 있도록 해주는 플립보드(flipboard) 등이 자투리 시간에 사용할 만한 콘텐츠 구독기다.

시간이 날 때마다 틈틈이 이들 서비스를 이용하면 신문이나 잡지를 읽는 것처럼 가볍게 콘텐츠를 보면서 업무지식을 쌓을 수 있다.

2. 시간관리를 돕는 앱

사실 시간관리는 도구가 중요한 것이 아니라 개인의 시간에 대한 태도와 습관이 중요하다. 다이어리만 잘 활용해도 시간을 효율적으로 관리할 수는 있다. 하지만 다이어리에 꼼꼼하게 스케줄을 써두고도 지키지 않는 경우가 대부분이다. 그러니 도구를 사용하기 전에 자신의 태도와 습관부터 고치는 것이 중요하다.

그런 다음 구글캘린더, 포켓인포먼트, 구글태스크, 지태스크, 리멤버더밀크(Remember the milk) 등의 앱을 활용해 시간을 효과적으로 관리하는 것이 좋다.

다. 정확하지 않은 정보는 판단에 혼란만 더할 뿐이다.

따라서 정보의 홍수 속에서 객관적이고 양질의 정보를 얻으려면 평소 신뢰하는 매체(논문·잡지·신문 등)와 전문가로 인정받는 구루들의 트위터·페이스북을 통해서 그들이 추천하는 글들을 참고하는 것이 좋다.

평소 양질의 콘텐츠를 눈여겨보면서 이들 데이터를 인터넷 메모장인 에버노트, 인터넷 즐겨찾기인 딜리셔스 등에 차곡차곡 저장해 두어 필요할 때에 유용하게 사용하는 습관을 들이는 것이 중요하다. 스마트 시대의 스마트한 시간관리를 위해 디지털을 언제나 활용할 수 있는 만반의 준비를 갖추도록 하자.

업무시간을 결정짓는 도구의 사양

　도구를 챙길 때 유의할 점은 중복된 기능을 수행하는 기기를 여러 개 함께 사용해서는 안 된다는 점이다. 도구는 간결하고 손에 익은 것일수록 좋고, 많은 것보다 적은 것이 좋다. 하나로 여러 개의 기능을 수행하는 것이 효율적이다. 핵심적인 역할을 하는 도구 2~3개 정도를 이용하도록 한다.

　또한 효율적으로 시간을 활용하려면 기본적으로 효율을 떨어뜨리지 않는 도구를 사용하는 것도 중요하다. 그리고 그 도구에는 이제껏 강조한 스마트폰, 스마트패드 등만 포함하는 것이 아니다. 회사에서 가장 많이 사용하는 도구, 즉 컴퓨터부터 제대로 결정해서 사용해야 한다.

　회사에 입사하면 컴퓨터가 제공된다. 회사의 정책에 따라 컴퓨터 사양이 정해지고, 개인이 직접 구매한 컴퓨터나 부품을 회사에 반입할 수 없는 경우도 있다. 하지만 협상이 가능하다면 컴퓨터는 최고 사양을 구매하거나 그것이 어려운 경우 본인이 직접 투자해서라도 좋은 컴퓨터를 장만하는 것이 좋다. 업무를 처리하는 데 가장 기본이 되는 도구인 컴퓨터가 느리거나 불편해서 발생하는 문제는 온전히 개인이 책임져야 할 사항이기 때문이다.

　또한 컴퓨터를 처음 사용하는 초보자와 신입사원일수록 좋은 컴퓨터를 써야 한다. 그래야 업무에 더 집중할 수 있기 때문이다. 느린 컴퓨터는 업무의 집중도를 떨어뜨리고 산만하게 만든다. 사실 신입사원이라면 노트북이 더 효율적이다. 노트북은 쉽게 휴대할 수 있어서 집·회사·카페·도서관 어디서든 업무를 볼 수 있도록 만들어준다.

업무 생산성을 극대화하는 두 대의 모니터

　신입사원의 스마트워크는 시간당 생산성을 높이는 효율성보다 시간을 많이 투입해 업무경험과 성실함을 쌓는 데 있다. 그렇기에 장소에 구애받지 않고 사용할 수 있는 노트북이 적합하다.

　단, 노트북과 연결해서 사용할 수 있는 별도 모니터와 키보드, 마우스도 함께 구비해야 한다. 모니터가 작고 키보드 타이핑이 불편해서 업무의 생산성을 저하시키기 때문이다. 적어도 20인치 정도 되는 모니터를 연결해서 큰 화면에서 작업을 할 수 있는 준비를 갖추어야 한다.

　데스크톱을 사용할 수밖에 없는 환경이라면 듀얼 모니터(사용법 http://bit.ly/io9YzQ)를 꼭 사용하도록 하자. 모니터가 두 대이면 업무를 좀 더 넓은 화면에서 할 수 있기 때문에 처리속도도 빠르고 생산성도 높아진다. 한쪽 화면에 브라우저를 띄워두고 한쪽 화면에서는 문서편집 작업을 병행할 수 있어 생산성이 높아진다.

　물론 이러한 부분에 자비를 투자하려면 돈이 아깝다는 생각이 들 수도 있다. 하지만 이는 결국 본인의 자기계발과 성장에 투자하는 것이므로, 멀리 보고 기꺼이 주머니를 열 수 있어야 한다.

3

숫자로 말하는
정량적 표현력

디지털은 0과 1의 숫자로 구성되어 있어서 지극히 산술적이다. 그런데 우리가 살고 있는 스마트 시대는 모든 것이 이러한 디지털로 채워져 있다. 그렇다 보니 업무에 대한 평가 등 많은 영역에서 숫자가 큰 힘을 발휘한다. 디지털 시대, 스마트 시대에는 더욱더 숫자 중심의 사고가 필요하다.

더 나아가 모든 사안을 이해하고 받아들일 때는 그림과 숫자, 두 가지 방식으로 접근하는 습관을 들여야 한다. 이번 장에서는 이 두 가지 방식을 비교하고, 궁극적으로 그림으로 생각하고 숫자로 말하는 법에 대해 알아보고자 한다.

하나의 그림으로 사고하기

그림으로 문제에 접근한다는 말은 해결해야 할 문제를 그림을 그리며 이해한다는 뜻이다. 도형과 선 등의 다이어그램을 통해서 생각을 정리하는 습관을 들이는 것이다. 이는 텍스트로 정리한 것과 크게 다르다. 그림으로 생각을 정리하면 한눈에 상황을 파악할 수 있기 때문에, 미처 깨닫지 못했던 사항을 그림을 그리면서 알아챌 수도 있다.

게다가 그림을 그리는 것은 간단하다. 글자를 위에서 아래로 질서정연하게 배치하는 것이 아니라 인과관계, 순서, 관련성에 따라 글자를 도형으로 둘러싸서 자유롭게 배치하면 된다. 이렇게 그림을 그리면 생각을 조금 더 쉽게 구조적으로 정리할 수 있다.

머릿속의 생각을 육안으로 볼 수 있도록 그림으로 사고하는 것은 마인드맵을 이용하면 수월하다. 직접 언어와 다이어그램으로 표현하고 각각의 키워드들을 서로 연결하면서 생각하면 좀 더 논리적이고 체계적인 사고가 가능하다. 실타래처럼 엉켜서 풀리지 않는 숙제도 이렇게 정리하면 자연스럽게 풀리기도 한다.

명확한 근거, 숫자로 말하기

그림을 통해 정리된 내용은 이제 숫자로 말할 수 있는 습관을 들여야 한다. 생각은 그림으로 하되, 말은 숫자로 해야 한다. 서울에서 부산으로 가는 자동차를 운전할 때 우리는 계기판을 보면서 속도를 확인하고, 내비게이션을 통해 방향을 확인한다. 주행한 거리와 남은 거리를 보면

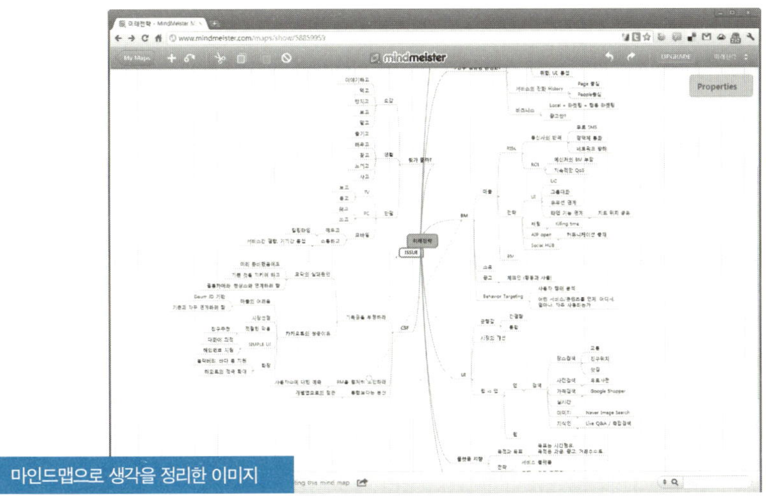

서 언제쯤 도착할지 가늠할 수 있다. 이 모든 것은 숫자로 파악되고 관리된다.

업무 역시 이렇게 숫자로 파악하고 판단할 수 있어야 한다. 비록 그 숫자가 정확하지 않더라도 숫자로 이루어진 지표와 요소로 정리할 수 있어야 한다. 그래야 나중에 숫자가 왜 잘못되었고 무엇을 중요한 지표로 삼아야 하는지 가늠하고 이해할 수 있다.

회사에서 업무회의를 하거나 토론을 할 때를 예로 들어 보자.

최근 스마트폰 보급률이 크게 늘면서 국내 스마트폰 사용자가 늘어가고 있어 우리 회사도 모바일 관련 마케팅이나 사업전략에 대비해야 한다.

이때, 과연 스마트폰이 몇 대나 늘어야 많다고 하고, 우리 회사의 고객 중 스마트폰을 사용하는 비율이 어느 정도인지를 숫자로 말할 수 있어야 한다. 그것이 정확한 근거가 되는 것이다.

그저 스마트폰 사용자가 늘어가고 있다는 것과 그래서 우리도 모바일에 대한 전략적 대응이 필요하다는 주장은 구체적인 근거가 미약하다.

2011년 10월 기준으로 국내 스마트폰이 2,000만 대를 돌파하면서 2년 전 50여만 대에 불과했던 것이 2년 만에 무려 40배 이상 성장했다. 우리 기업의 고객층이 주로 30~40대의 중장년층인데, 이들 경제활동 인구의 스마트폰 보급률은 약 80퍼센트에 육박하고 있어 고객 전체가 스마트폰을 이용하고 있다고 해도 과언이 아닐 정도다. 이러한 시장의 특성을 볼 때 우리 기업도 모바일 마케팅과 사업전략에 주력해야 한다.

이렇게 표현하는 것이 숫자 중심으로 말하는 것이다. 이런 식의 표현을 통해 자신의 생각에 타당한 근거를 제시할 수 있어 업무역량 향상에도 도움이 된다.

마인드맵, 그림으로 생각하는 기술

　글자와 문자로만 정리한 문서는 구조적으로 사고하고 논리적으로 정리하는 데 불편하다. 이때 마인드맵을 이용해 생각을 전체적으로 그림으로 정리하면 한눈에 파악하기 쉽다.

　이미 마인드맵을 디지털로 쉽게 관리할 수 있도록 도와주는 앱과 서비스가 많이 나와 있다. 이를 이용하면 IBM 컴퓨터와 맥 그리고 스마트패드와 스마트폰에서 마인드맵을 쉽게 정리할 수 있다.

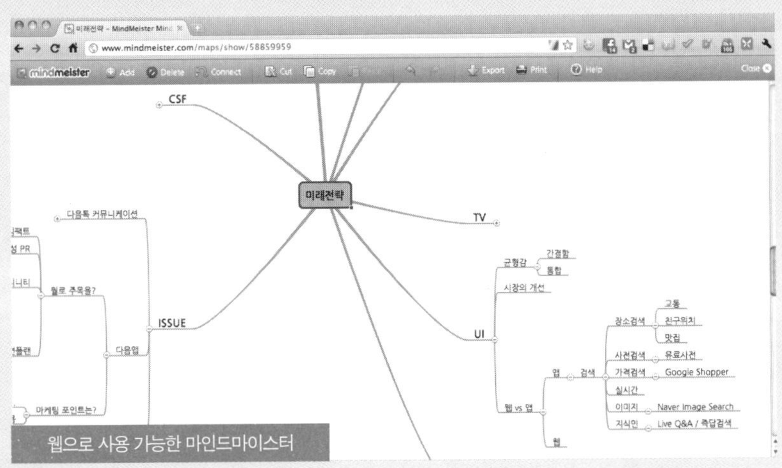

웹으로 사용 가능한 마인드마이스터

1. 웹용 마인드맵

마인드마이스터(Mindmeister, 사용법^{http://bit.ly/k6AQy5})와 씽크와이즈
(Thinkwise)는 대표적인 해외와 국내 마인드맵 서비스다. 이들 서비스는
웹으로 사용할 수 있어 어떤 컴퓨터든 브라우저만 실행할 수 있으면 사용
이 가능하다. 스마트패드, 스마트폰용 앱 역시 나와 있다.

2. 컴퓨터용 마인드맵

마인드노드(mindnode)는 맥용 마인드맵 프로그램으로 유료이지만 가
볍고 간단하게 마인드맵을 사용할 수 있어 효과적이다. 드롭박스 같은 클
라우드 서비스를 이용하면 마인드맵 파일을 클라우드에 올려두고 여러 대
의 맥에서 함께 사용할 수도 있다. 단, 디지털 기기를 여러 대 이용할 때는
마인드노드보다는 마인드마이스터가 편리하다.

3. 오픈소스 마인드맵

마인드맵은 각 프로그램마다 서로 다른 포맷을 사용하는데, 표준 오픈
소스 마인드맵인 엑스마인드(XMind) 같은 프로그램을 이용하면 서로 호
환되는 마인드맵 프로그램을 함께 이용할 수 있다. 대표적인 앱인 아이소
츠(iThoughts)와 데스크톱용 프리마인드(Freemind)를 함께 이용하면 IBM
컴퓨터와 맥 그리고 스마트패드와 스마트폰에서 손쉽게 마인드맵을 이용
할 수 있다.

4

스마트 시대에 필요한
헬리콥터 리더십

리더는 태어나는 것이 아니라 만들어지는 것이다. 대개 리더십 교육은 리더가 된 이후에 받는 것이라 생각하기 쉽다. 하지만 직함이 능력을 만드는 것이 아니라 능력이 직함을 만든다. 즉, 리더가 되기 전부터 리더십을 키워야 한다. 그렇기에 팀장 이전부터 팀장이 되기 위해 필요한 리더십을 준비해야 한다.

게다가 스마트 시대에는 IT 도구의 중요성이 나날이 커지고 있기 때문에 전 방위의 인터넷 신기술에 대한 혜안과 미래 트렌드를 내다볼 줄 아는 지혜가 필요하다.

결국 스마트 시대의 리더십을 한마디로 표현하면 장기적 안목을 기반으로 자세한 세부사항을 챙길 수 있는 헬리콥터 리더십이다. 이번 장에서는 기존에 중시되어온 다양한 리더십을 알아보고 이를 바탕으로 스마트 시대에 필요한 리더십과 이를 키우기 위해 어떤 역량과 지식, 지혜가 필요한지 살펴보자.

뛰어난 지혜를 가진 통찰력 리더십

누구나 직장생활을 하며 많은 리더들을 만나보았을 것이다. 그런데 그들을 찬찬히 돌아보면 다양한 특징이 있음을 알 수 있다. 사실 리더십을 배우는 가장 훌륭한 방법은 내가 겪어본 리더들을 통해서다. 그들이 가진 장점과 단점 그리고 상황에 따라 달라지는 태도를 통해 그 어떤 책에서도 배울 수 없는 생생한 리더십을 배울 수 있다.

그중에서도 리더십 하면 가장 먼저 떠오르는 것은 통찰력(insight)의 리더십이다. 대개 회사 전체 직원의 존경을 받는 리더들은 똑똑하다. 그런데 단순히 많은 것을 아는 데 그치는 것이 아니라 뛰어난 선견지명이 있어 회사의 비전을 제시하고 전략방향을 정확하게 설정한다. 다른 사람보다 넓고 깊게 보는 안목을 가진 것이다.

그들은 산업의 변화상과 기업이 처한 환경, 경쟁사의 움직임, 소비자의 인식 등에 대한 종합적인 이해를 기반으로 언제, 어디서, 무엇을, 어떻게, 왜 해야 하는지 안다.

항해하는 배가 바다에서 표류할 때 어느 곳을 향해 갈지 방향을 잡고 풍랑을 만나도 이를 헤쳐갈 수 있는 지혜가 선장에게 필요하다.

대부분의 선장과 기장은 표지판도 없는 바다와 하늘에서 어떤 방향으로 언제까지, 얼마나 가면 무엇이 나올지 잘 안다. 게다가 그들의 능력은 풍랑과 난기류를 만났을 때, 위험에 어떻게 대처할지 알고 피해갈 수 있는 방법을 모색하는 것에서 더욱 발휘된다.

결국 그들은 '지혜'라는 중요한 능력을 가지고 있는 셈이다. 지혜는 무조건 많이 안다고 해서 발휘되는 것이 아니라, 경험과 버물어져 숙성되어야 얻을 수 있는 능력이다. 또한 그 결과 문제해결 능력과 통찰력이 커진다.

그렇기에 지혜로운 리더들은 '지장(智將)'이라 불리며 회사가 가야 할 방향을 제시하고(비전), 목표를 달성하기 위한 방안을 찾고(전략), 문제가 발생했을 때 이를 효과적으로 대응하는 요령을 안다.

특히 이러한 리더십이 갖는 최대 강점은 시장의 변화상을 감지하고 혁신을 주도할 수 있는 길을 제시한다는 것이다. 회사가 도약을 하기 위해 새로운 상품을 만들거나 마케팅 방향, 조직 운영안을 변경할 때 지장의 리더십은 빛을 발한다.

대표적인 사례가 애플의 스티브 잡스다. 그는 애플이 망망대해에서 방향을 잡지 못하고 표류할 때 아이맥·아이팟·아이폰·아이패드 등의 신상품을 들고 나오면서 애플의 성장을 이끌어냈다. 애플이 컴퓨터 제조회사에 불과할 때 MP3P를 개발하면서 '아이튠즈'라는 콘텐츠 유통 플랫폼을 만들어 콘텐츠를 판매했다.

또한 아이폰으로 스마트폰 시장을 개척하고 앱스토어를 통해 소프트웨어를 유통할 수 있는 디지털 장터를 만들어 서비스 기업으로 도약했다. 심지어 아이패드를 통해 컴퓨터 이후의 시대를 준비했다. 이러한 일련의 과정은 미래시장의 트렌드를 읽고 그에 대처하는 혁신적인 방안을 제시한 그의 통찰력에서 비롯된 것이다.

아이폰이 국내에 상륙한 2009년 11월 즈음만 해도 제조사, 통신사 그리고 인터넷 기업의 많은 리더들은 한국에서 아이폰이 실패할 것이라고 예상했다. 이미 한국은 컴퓨터와 초고속 인터넷이 많이 보급된 데다가 PDA의 실패 경험이 있었기에 스마트폰이 설 자리가 없다고 생각한 것이다.

하지만 아이폰이 출시된 이후 한국의 IT 시장은 급변하고 있다. 많은 전문가의 예상과 정반대로 스마트폰은 빠르게 한국에 정착했으며, 그 영향으로 통신산업과 포털시장까지도 커다란 변화가 일고 있다.

외국 서비스인 구글과 야후 등에 관심조차 보이지 않던 한국 사용자들이 페이스북과 트위터를 사용하면서 다음과 네이버 같은 포털은 위협받고 있다. 미래의 트렌드를 제대로 읽지 못해 국내 많은 기업들은 제때 제대로 대응하지도 못했다.

그중에서도 내비게이션의 부진이 눈에 띈다. 국내 내비게이션은 연간 200만 대가량 판매될 만큼 2000년부터 꾸준히 성장해 왔다. 팅크웨어, 앰엔소프트 등이 이 시장을 주도하면서 매년 큰 폭으로 성장했다. 하지만 2010년에 접어들면서 판매량이 점차 줄어들고 있다. 이는 스마트폰의 등장에서 그 원인을 찾을 수 있다.

20만 원이 넘는 내비게이션을 구입하지 않고도 스마트폰에 설치된 T맵과 무료 내비게이션 앱을 이용하면 되기 때문에 사람들이 내비게이션을 살 이유가 없어진 것이다. 전혀 연관 없어 보였던 스마트폰이 내비게이션 시장마저 영향을 끼치고 있다.

그렇다고 스마트폰의 성공을 점쳤던 사람들이 제대로 대응한 것도 아니다. 알고 있더라도 그에 맞게 대응책을 찾아 실행에 옮기지 못한 경우가 많았다. 방향을 제시하기 위해서는 시장을 읽고 미래를 예측해, 그에 맞는 최선의 대안을 찾을 수 있어야 한다. 이는 다양한 분야의 지식과 오랜 경험에서 비롯된 지혜가 쌓여 트렌드를 예측할 수 있게 될 때 가능하다.

이렇게 지식이 아닌 지혜가 생겨야 경험하지 않은 새로운 상황에도 어떻게 대처해야 하는지 방향을 제시할 수 있게 된다. 분야별 세부사항을 몰라도 큰 흐름을 이해하고 그에 맞는 전략을 세울 수 있다.

또한 각 분야별 전문인력이 가진 지식을 잘 연계하고 통합하는 지혜가 있으면 전문지식이 없어도 지혜로운 전략과 사업운영을 할 수 있다. 리더가 모든 것을 알 필요는 없다. 다양한 전문분야에 대해 상세하게 알고 있는 여러 사람들을 잘 다스릴 수 있으면 된다.

단숨에 휘어잡는 카리스마 리더십

리더십에는 통찰력만 중요한 것이 아니다. 카리스마 역시 현장에서 업무를 지휘하는 데 중요한 역할을 한다. 원래 카리스마는 다른 사람을 매료시키고 영향을 주는 것을 말한다. 물론 그 영향이 항상 긍정적인 존경심만 유발하는 것은 아니다. 잘못된 카리스마는 혐오감을 유발하기도 한다.

하지만 일반적으로 카리스마는 사람들의 적극적인 동조를 이끌어내어 강한 추진력으로 사업을 이끌 수 있는 긍정적인 면이 크다. 역사적으로 전쟁터에서는 카리스마 리더십이 중요했다. 히틀러의 리더십은 지친 병사들에게 끝없는 에너지를 발휘하게 하는 마약과도 같은 역할을 했고, 냉정한 카리스마를 가진 조조의 리더십 역시 병사들을 벌벌 떨게 만들고 그의 말 한마디에 목숨까지 버리게 만들었다.

스마트폰 시장의 주역이 된 HTC의 CEO 피터 추 역시 비슷한 리더십을 가지고 있다. 삼성전자, LG전자, 모토로라 등 기라성 같은 글로벌 기업들의 틈바구니에서 스마트폰 시장을 애플과 함께 일구어낸 HTC는 원래 대만의 작은 기업이었다. 그럼에도 이 기업이 혹독한 글로벌 경쟁에서 살아남은 것은 뛰어난 기술력과 발 빠른 시장 개척력 덕분이다. 이 같은 능력은 CEO의 리더십에서 비롯되었다.

새로운 시장이 개척되는 진입기에는 이러한 카리스마 리더십이 중요하다. 일사분란하게 회사의 전 직원이 발 빠르게 움직이도록 하려면 일일이 설득하고 동의를 구하는 과정이 오히려 발목을 잡을 수 있다.

가고자 하는 목표가 명확하면 앞만 보고 달리는 추진력과 속도가 필요하다. 특히 시장 진입기의 경우 경쟁사보다 상품 출시를 앞당겨 시장을 선점하는 것이 중요하다.

이러한 리더십을 가장 잘 보여주는 기업이 삼성전자다. 애플의 아이폰 이후 스마트폰 시장에서 고전을 면치 못했던 삼성전자는 그 어떤 휴대전화 제조사보다 빠른 속도로 추격자(fast follower) 전략을 추진하며 신상품 개발에 앞섰고 그 덕분에 스마트폰 시장에서 HTC와 함께 시장 지배력을 갖출 수 있었다.

다양성을 중시하는 양손잡이 리더십

구글에서는 업무시간의 20퍼센트를 창의적인 프로젝트에 투입할 수 있는 제도를 시행하고 있다. 80퍼센트는 이미 참여 중인 핵심 프로젝트에 사용하고, 남은 시간은 사내에서 같은 뜻을 가진 몇몇 사람들과 새로운 일을 도전적으로 시도할 수 있는 기회를 보장하는 것이다.

20퍼센트의 프로젝트가 좋은 평가를 받아 사용자가 늘어나면 임원의 승인 하에 정식 프로젝트가 되어 80퍼센트의 프로젝트로 성장할 수 있다. 모든 프로젝트가 이렇게 정식 프로젝트가 되는 것은 아니지만, 이러한 가능성의 기회를 제공함으로써 구글은 끝없이 혁신적인 서비스를 만들어낼 수 있다.

이처럼 기업의 혁신전략은 리더의 머릿속에서 이론적으로, 전략적으로 나오기만 하는 것은 아니다. 창의적인 사고로 도전적인 시도를 하는 일반 직원들의 아이디어에서 기업의 미래 성장동력이 싹틀 수도 있다.

리더는 항상 오른손만 써서는 안 된다. 자주 사용하진 않지만 왼손이 없으면 불편하듯이 왼손의 존재 가치는 소중하다. 가끔 쓰지만 필요할 때 요긴한 왼손의 존재를 잊어선 안 된다. 그렇기 때문에 왼손의 가치를 높게 보고 왼손이 할 수 있는 가능성을 믿고 기회를 줄 수 있어야 한다.

기업의 전략은 논리적이고 구조적인 데서만 나오는 것이 아니라 때로는 무모한 도전에서 시작되기도 한다. 따라서 이러한 양쪽을 모두 구사하고 활용할 수 있는 리더가 여러 상황에 유연하게 대처할 수 있는 양손잡이 리더다.

── 급속한 기술 변화, 디테일을 챙겨야 하는 시대

앞서 여러 가지 전형적인 리더십 유형에 대해 살펴보았다. 사실 스마트 시대에 가장 적합한 최상의 리더십은 헬리콥터 리더십이다.

급변하는 현대사회에서는 발 빠른 의사결정과 실행력, 추진력을 갖추는 것이 가장 중요한 역량이다. 세상이 워낙 빨리 변하기 때문에 시장 트렌드를 간파하고 그에 맞는 전략을 선택해 빠르게 실행하지 않으면 도태되는 것이 최근 산업의 동향이다. 이러한 트렌드에 안성맞춤인 것이 헬리콥터 리더십이다.

IT 기술의 발전은 우리 사회를 너무 빠르게 변화시키고 있다. 이집트·리비아·튀니지의 아랍혁명을 이끈 것은 휴대전화와 SNS이며, 이웃나라 일본의 지진에 대한 참담한 현실도 일본 국민의 손에 들린 휴대전화를 통해서 전 세계에 전달될 수 있었다. 이 모든 것이 IT 도구 덕분이다.

이런 변화는 정치, 사회뿐 아니라 경제와 산업에도 커다란 변화를 일으키고 있다. 소비자들은 제품에 대해 적극적으로 반응한다. 제품의 단점이나 문제점을 IT 도구를 통해 적극적으로 주변에 전파한다. 기업의 서비스와 품질에 대해서도 적극적으로 의견을 개진하고, 심지어 제품에 대한 평가와 개선점, 아이디어를 말하기도 한다.

기업이 생산한 상품을 그저 조용히 사용하는 것이 아니라 구입한 제품에 대해 타인과 의견을 나누며 평가하다 보니, 이제 기업은 이전과 달리 막강한 영향력을 행사하는 소비자 집단의 눈치를 보고 이들과 적극적으로 소통하게 되었다. 또한 소비자들의 의견을 취합해 차기 제품에 대한 개선점을 찾고 대응해야 한다.

이때 리더는 소비자들이 생각하고 느끼는 것을 귀담아 들어야 한다. 이는 과거처럼 거창한 FGI(Focus Group Interview)나 마케팅 리서치를 하지 않아도 SNS와 블로그, 카페 그리고 검색을 통해서 가능하다.

그리고 리더는 소비자들의 눈높이에 맞춘 상품기획과 개발을 할 수 있어야 한다. 즉, 헬리콥터가 저공비행을 하면서 숲이 아닌 나무 한 그루 한 그루를 자세히 들여다볼 수 있듯이 저공비행을 통해 상품의 세부 사항을 챙길 수 있어야 한다. 상품의 기획과 개발 과정에 동참해서 혹시 중요한 핵심요소가 간과된 것은 아닌지, 추후에 문제가 커질 만한 위험요소는 없는지 꼼꼼히 챙길 수 있어야 한다.

시대가 워낙 빠르게 변화하다 보니 출시제품이 완성될 쯤에 중요한 사항을 판단하면 이미 늦다. 개발하고 있는 중에 틈틈이 들여다보면서 보완과 수정을 지시해야만 나중에 불필요한 시간낭비를 줄일 수 있다.

특히 소량 다품종 시대에 접어들고 제품의 수명이 짧아지면서 제품 개발에 들어가는 기간 또한 단축되고 있다. 그런 만큼 리더는 제품의 개발과정에서 사소한 것까지 틈틈이 챙겨 제품의 완성도에 문제가 생기지 않도록 주의해야 한다.

그러려면 업무지시 역시 구체적이어야 한다. 언제까지, 누구와 협업해, 무엇을, 어떻게 해야 하는지 명확하게 지시해야 한다. 두루뭉술하게 이야기할 것이 아니라 구체적인 숫자와 근거를 가지고 이야기해야 한다. 추상적인 지시를 내리면 그 추상적인 암호를 해독하느라 실무자들이 모여 토론을 하게 된다. 따라서 구체적인 숫자와 함께 지시를 내려야 불필요한 오해와 커뮤니케이션 비용이 줄어든다.

그렇다고 자칫 모든 사안에 일일이 개입해 구체적인 실행을 지시하는 '좀생이' 리더가 되라는 말은 아니다. 세부적인 사항을 지적할 때에는 단순히 지적과 지시에 그쳐서는 안 된다. 그 문제를 해결할 수 있는 대안과 구조적인 문제에 대해 지시할 수 있어야 한다. 그 문제가 현재 우리가 가진 기술과 자원(resource), 생산 공정(process)으로 해결이 불가능한 것은 아닌지 판단할 수 있어야 한다. 그렇지 않고 무조건 문제만 지적하면 실무자들은 패배주의에 젖게 되고 스트레스만 쌓일 뿐 문제는 해결되지 않는다.

매주 월요일 오전이나 금요일 오후면 어느 회사에나 흔히 있는 업무 보고 회의 역시 이런 관점에서 보자면 생산적이지 않다. 평소에 헬리콥터 리더십으로 꼼꼼하게 업무를 챙기고 있다면 굳이 이런 회의를 할 필요가 없기 때문이다.

물론 리더가 부하직원들의 업무를 파악하기 위한 것이 아니라 수평적으로 회의 참석자들이 업무를 공유하기 위한 회의라면 어느 정도 필요할 수도 있다. 이 경우도 단순한 업무 공유라면 메일이나 게시판을 통해 충분하다.

차라리 효율적인 회의를 위해 리더가 업무를 보고하면 어떨까? 리더가 한 주간의 업무내역과 다음 주의 계획 그리고 가장 고민 중인 현안에 대해 거꾸로 직원들에게 발표를 하는 것이다. 이렇게 하면 오히려 리더의 업무보고가 부하직원에게 신뢰를 줄 수 있을 것이다. 단순한 상하관계가 아니라 일의 성공을 향해 파트너로서 함께 일한다는 믿음을 주기 때문이다.

이제는 사안 하나하나에 대해 시어머니처럼 지적만 해댈 것이 아니라 시아버지의 눈으로 보기도 해야 한다. 때로는 우리가 가진 한계로 인해 발생한 문제임을 직시하고 뒤에서 해결하고 응원할 수 있어야 한다. 그리고 제품의 완성도에 치명적인 영향을 주지 않는 사소한 문제라면 눈감고 넘어갈 수도 있어야 한다. 매의 눈으로 들여다보되, 카나리아의 소리로 지적해야 하는 것이다.

— 숲을 보며 미래를 그리다

이번에는 반대로 헬리콥터가 고공비행을 하는 모습을 생각해 보자. 이는 전체를 조망하고 저공비행으로 나무 사이를 날다가 자칫 추락하는 일을 방지하기 위해서다.

리더는 때로 여유를 가지고 좀 더 멀리 내다보아야 한다. 지금 당장의 전투에 집중하면서 동시에 다음, 그 다음 전투에 대한 고민을 미리 해두어야 한다. 지금 작은 전투에서 작전상 후퇴를 해야 다음의 더 큰 전투에서 이길 수 있음도 생각해야 한다. 시장과 산업 전체를 조망하며 경쟁구도와 사용자의 트렌드를 읽고 그에 맞는 전략을 마련할 수 있어야 한다.

사실 직장인에게 전투는 끊임없이 일어난다. 기업은 지속될 수 있어야 존속의 의미가 있으며 지속적인 성장을 위해 항상 내일을 준비해야 한다. 이를 위해서는 현재의 전투는 이미 실전에 투입된 실무진에게 맡겨두고 더 큰 내일의 전투를 준비해야 한다.

이때 다음 전투를 준비하려면 미래의 산업과 시장이 어떻게 변화하고 있는지를 알아야 한다. 즉, 미래시장에 대한 예측이 선행되어야 하며 그 시장에서 경쟁구도가 어떻게 펼쳐질지 그릴 수 있어야 한다. 어제의 적이 오늘의 친구가 될 수 있고, 또 오늘의 친구가 내일의 적이 될 수 있기 때문이다.

적과 친구를 구분하고 어떤 변화가 발생할지를 예상해야 한다. 지금 우리 기업의 핵심 경쟁력이 내일도 유지될 수 있을지, 새로운 성장동력은 어디서 찾아야 할지 고민해야 한다.

그렇게 하기 위해서는 여유를 가지고 다양한 산업의 변화상을 들여다보아야 한다. 잠시 내가 종사하는 산업에서 벗어나 다른 산업과 다른 세상을 경험해야 한다. 그 경험 속에서 통찰력을 얻게 된다.

최신 기술과 산업의 동향에 대한 컨퍼런스나 세미나에 참여하고 최신 상품도 사보아야 한다. 그러한 경험이 미래를 이해하는 데 도움을 주고 차세대 전략의 그림을 그리는 데 기꺼이 붓이 될 수 있다.

── 가볍게 날기 위한 뺄셈 전략

생텍쥐페리의 『어린왕자』에는 '완벽함이란 더 이상 보탤 것이 남아 있지 않을 때가 아니라 더 이상 뺄 것이 없을 때 완성된다'는 명언이 있다. 또한 짐 호던의 『몰입과 소통의 경영』에서는 '경영자나 관리자가 업무를 잘하는지 알려면 어떤 질문을 해야 합니까?'라는 질문에 피터 드러커가 '지난 두 달 동안 어떤 업무를 중단하도록 지시했는지 물어보라'고 대답했다는 내용이 나온다.

이처럼 최고의 전략은 새로운 일을 시작하는 것이 아니라 하던 일을 중단하는 것이다. 시작보다 어려운 일이 중단이다. 중단은 관성에 반하는 행동이기 때문이다. 이미 시작되어 잘 굴러가는 것을 중단하면 조직 내 여러 반작용을 유발하게 된다.

그렇기에 우리는 새로운 일을 벌이는 것을 더 좋아한다. 특히 경쟁사에서 무엇인가 새로운 것을 발표하면 어김없이 경영진은 그 새로움에 적극 반응한다. 그들이 새로운 것을 시작할 때 우리는 무엇을 했냐고 실무진을 책망한다. 결국 조직은 지금 하고 있던 일은 그대로 하면서, 또 새로운 일을 준비하는 데 여념이 없다. 끝없이 새로운 것을 시도하고 있어야만 뭔가 열심히 하고 있음을 피력할 수 있다고 생각한다.

하지만 제대로 안목이 있는 리더라면 이처럼 덕지덕지 새로운 일을 전략에 추가해서는 안 된다. 제품의 완성도를 높이려면 새로운 기능과 요구사항을 계속 추가할 것이 아니라 기존에 제공되는 요소 중 핵심요소가 아닌 것을 덜어내야 한다.

새로운 것을 추가한다는 말은 변수가 늘어난다는 뜻이다. 그리고 그 변수는 다른 변수에 작용해서 제품의 완성도를 예측하기 어렵게 만들 수 있다.

결국 전략은 더하기가 아니라 빼기인 것이다. 무엇을 빼내어 변수를 줄이고 제품의 완성도와 사용성을 높일 것인가를 고민할 수 있어야 한다. 리더의 역할은 어떤 것을 안 해도 되는지 판단해서 불필요한 부분을 줄이고 효율적으로 업무가 돌아갈 수 있도록 하는 것이다.

리더들은 트렌드와 시장의 변화를 읽고 혁신적인 전략을 만들어야 하기 때문에 다양한 경험이 중요하다. 비록 스마트하지 않은 것이라도 모든 새로운 도구나 방식을 적극 사용해 보는 것이 좋다.

1. 트렌드를 읽을 수 있는 돋보기

트렌드를 읽으려면 다양한 현상을 투명하게 들여다보고, 그 현상 속에 숨겨진 트렌드의 변화상을 포착해야 한다. 그러기 위해서는 우선 현상에 대해 직시하고 파악하는 능력이 필수적이다. 하지만 임원의 자리에 앉게 되면 실무와 거리가 멀어지고 일반 소비자와도 단절되기 때문에 이러한 변화를 파악하기 쉽지 않다. 이때 유용하게 사용할 수 있는 방법이 몇 가지 있다.

구글트렌드를 이용하면 전 세계 네티즌들이 어떤 키워드를 국가별로 얼마나 많이 검색하는지 확인할 수 있다. A와 B 두 개의 키워드를 비교하며 어떤 키워드가 언제, 어디에서 더 많이 검색되었는지 비교할 수 있다.

예를 들어 'apple, samsung'으로 검색하면 '애플과 삼성'이라는 단어가 구글에서 얼마큼 검색되었는지 비교해서 볼 수 있다. 시장에서 사용자들이 어떤 키워드를 검색했는지 확인하는 것은 그들이 어떤 것을 궁금해하고 어떤 키워드에 반응하는지 트렌드를 확인할 수 있도록 해준다.

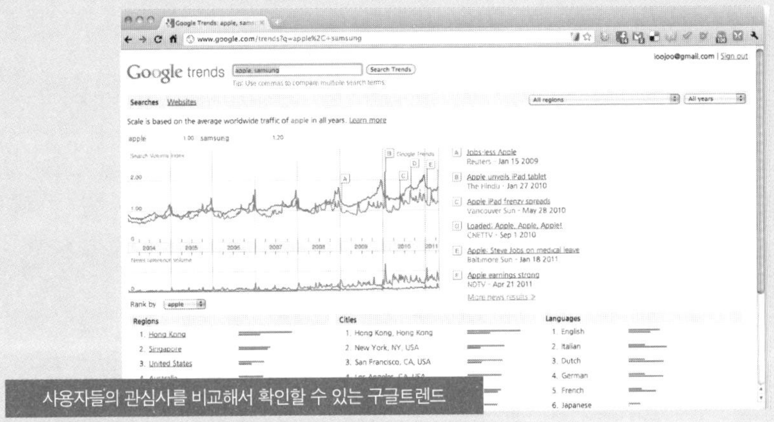

사용자들의 관심사를 비교해서 확인할 수 있는 구글트렌드

다음 트렌드차트durl.me/7x7ed는 한국 사용자들의 검색패턴을 분석하는 데 유용하다. '스마트워크 트렌드차트'로 검색하면 한국 사용자들이 다음에서 '스마트워크'라는 검색어로 어느 지역에서 언제, 누가, 얼마나 많이 검색했는지 확인할 수 있다. 이러한 검색기능을 이용해 시장에서 어떤 것이 이슈가 되었고, 누가 관심을 가졌는지 파악할 수 있다.

한국 사용자들의 관심사를 확인할 수 있는 다음 트렌드차트

2. 소비자의 속마음 읽기, 실시간 검색

사실 소비자의 속마음을 읽는 가장 좋은 방법은 대면해서 인터뷰를 하는 것이다. 하지만 수많은 소비자들을 일일이 만나보기는 어렵다. 이때 유용한 것이 SNS에서 소비자들이 기업의 브랜드와 상품에 대해서 어떤 반응을 보이는지 들여다보는 것이다.

구글에서 '한나라당'으로 검색 후 좌측의 '실시간 검색'을 클릭하면 한나라당에 대한 민심의 흐름을 읽을 수 있다. '한나라당'이라는 단어가 포함된 트위터의 글을 찾아볼 수 있고, 실시간으로 글이 업데이트되기 때문에 지금 한나라당에 대해 국민이 무슨 이야기를 하는지 즉각적으로 알 수 있다.

우측 상단의 날짜 그래프에서 '월'과 '년'을 선택하면 해당 월, 해당 연도 중에서 언제 가장 많이 '한나라당'이라는 키워드에 반응했는지도 확인할 수 있다. 갑자기 이슈가 많아진 날짜를 보면 당시에 어떤 정책과 사건이 벌어졌는지, 국민이 그중 어떤 부분에 반응하는지 알 수 있다.

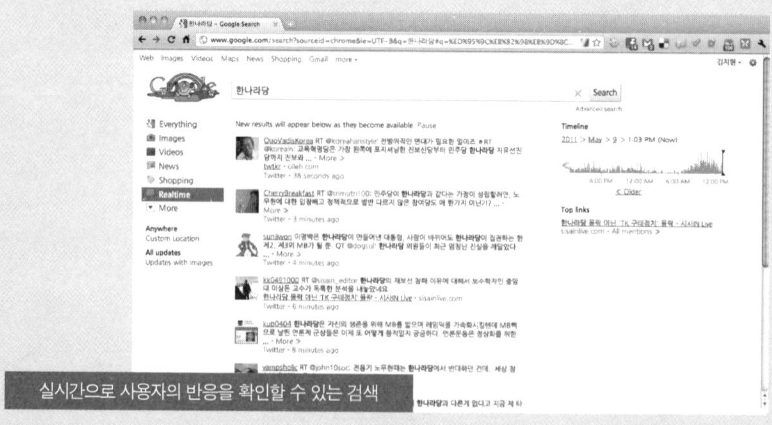

실시간으로 사용자의 반응을 확인할 수 있는 검색

5

공감의 시대에 필요한 커뮤니케이션 기술

스마트 시대를 맞아 인터넷과 통신에 자유자재로 연결이 가능하다 보니 언제 어디서나 다른 사람과 쉽게 연락할 수 있게 되었다. 이로 인해 어느 때보다 커뮤니케이션에 들어가는 비용이 줄어들었다. 최신 IT 기술의 발전으로 과거보다 저렴한 비용과 노력으로 수많은 사람들과 커뮤니케이션을 할 수 있게 된 것이다.

하지만 아무리 좋은 도구가 있어도 그것만으로 커뮤니케이션 기술이 향상되는 것은 아니다. 도구는 수단일 뿐이다. 결국 스마트 시대의 스마트 커뮤니케이션은 마음을 통해 완성된다. 세상이 빠르고 복잡해질수록 혼자보다는 함께 완성해 내는 일이 많아지기에 이러한 기술은 더욱 필요하다.

— 적군을 아군으로 만드는 공감의 힘

속도의 시대에 업무 추진력에 날개를 달기 위해서는 의사결정이 신속하게 이루어져야 한다. 하지만 일이란 것이 자신의 생각만큼 일사천리로 진행되기란 쉽지 않다. 일을 추진할 때면 으레 비판과 견제의 목소리가 발목을 잡기 때문이다.

사실 새로운 업무나 프로젝트를 진행할 때 최대의 적은 외부가 아닌 내부에 있다. 아군이 혁신을 저해하는 최대의 적군이 되는 것이다. 무엇이든 조직 내에서 변화하려고 하면 그 변화로 회사가 위험에 처하거나 해당 프로젝트 자체가 실패할 수 있기 때문에 저항에 직면하게 된다. 또한 특정 부서의 성공이 누군가에게는 배 아픈 일이 될 수 있다 보니 이러한 저항을 설득하는 데 상당한 노력이 필요하다.

실제로 일을 추진하는 것보다 추진하기 전에 수많은 사내 관련자들, 의사결정권자들을 설득하는 일에 더 많은 에너지가 들기도 한다. 특히 큰 조직일수록, 임원들이 우유부단할수록 설득에 들어가는 에너지는 더 많아진다.

결국 프로젝트의 성공을 위해서는 적군을 아군으로, 파트너로 삼아야 한다. 그러기 위해서 변화를 공식적으로 시작하는 프로젝트 발표 이전부터 적군들을 프로젝트에 동참시켜야 한다. 그들에게서 보다 많은 의견을 듣고 프로젝트의 참고자료로 기록해 두어야 한다. 그들의 의견에 귀 기울이는 것만으로도 적군은 날카로운 무기를 내려놓게 된다.

심지어 그들의 의견을 존중해 프로젝트에 부분 반영하고 그들을 프로젝트의 참여자 혹은 동반자, 조력자로 정해두면 아군이 될 수밖에 없다. 프로젝트의 성공이 그들에게도 성과로 나누어진다는 것을 믿도록

하여 프로젝트의 조력자로 많이 확보해야 한다. 그래야 그들이 프로젝트 추진에 발목을 잡지 않고 물심양면으로 돕는 지원자로 나서게 된다.

변화에 대한 사내의 저항을 단지 정치싸움이나 소모적인 논쟁으로만 치부해서는 안 된다. 문제제기의 당위성이 진심으로 담겨 있을 수 있기 때문이다. 커뮤니케이션이 주는 생산성은 구조적으로 탄탄한 논리의 무장이다. 수많은 커뮤니케이션 속에서 나의 논리는 더욱 단단해지고 누구나 공감하는 정의가 될 수 있다. 그러므로 커뮤니케이션에 적극적

실행보다 설득에 에너지를 쏟을 때

리더는 업무를 직접 실행하기보다는 사람들을 설득하는 데 더욱 집중해야 한다. 실무자들의 실행에 방해가 되지 않도록 돌부리를 치워주고, 그들이 공격받을 때 방패막이가 되어야 한다. 리더가 실무자들의 업무에 도리어 방해가 되고 다른 적군들과 함께 공격해서는 그 일이 잘될 리가 없다. 양으로 음으로 해당 프로젝트가 잘 진행될 수 있도록 환경을 조성해야 한다.

하지만 실행보다 설득에 더 많은 자원과 에너지가 들어가다 보면, 정작 프로젝트가 성공하도록 노력하기보다 실패하지 않게 하는 데 초점을 맞추게 된다. 프로젝트의 성과보다는 실패를 방지하는 데 집중하면 혁신적인 산출물을 얻을 수 없다. 게다가 그런 일이 반복되면 더 이상 그 조직은 비전이 없어진다. 그럴 경우에는 가능한 빨리 그 조직을 떠나는 것이 가장 바람직하다.

으로 뛰어들어야 한다.

똑똑한 천재 하나가 만들어낸 상품보다 많은 사람들의 참여로 협업 속에 탄생한 제품이 소비자들에게도 더 환영받을 수 있다. 그런 만큼 사내의 다양한 의견을 적극적으로 수렴하고 설득과 협의를 할 필요도 있다. 번거롭게 느껴지는 이런 과정이 프로젝트의 완성도를 높이는 데 기여할 수 있기 때문이다.

변화에 저항하는 다양한 의견이 있을 때 그 현상 자체에 주목하지 말고 그 원인을 이해하려고 노력해 보길 바란다. 그런 의견을 제시하는 이유가 무엇인지 듣고, 필요에 따라서는 설득하거나 프로젝트에 반영해 보완해야 한다. 이것이 커뮤니케이션을 하는 목적이다.

물론 목표 지향적인 프로젝트나 마감시간이 정해진 프로젝트의 경우에는 설득에 시간을 투자하기보다는 프로젝트의 일정과 목표달성에 더 매진하는 것이 낫다. 프로젝트의 특성과 상황에 따라 커뮤니케이션의 양과 질을 결정해야 한다.

IT 도구가 바꾸는 커뮤니케이션 방식

앞서 공감을 통해 사내 설득을 이끌어내는 커뮤니케이션 방식에 대해 살펴보았다면 이번에는 도구에 초점을 맞추어보고자 한다. IT 도구가 나날이 다양해지면서 커뮤니케이션의 방식도 많이 바뀌고 있다. 컴퓨터가 등장하기 전에만 해도 전화나 팩스, 대면해서 회의를 하는 방식이 대부분이었다.

하지만 컴퓨터와 스마트폰 덕분에 방식이 다양해 졌다. 누구나 메일,

메신저, 사내 게시판(프로젝트 게시판 혹은 팀 게시판) 등을 사용하고, 조금 더 나은 IT 도구를 사용하는 기업이라면 SNS와 위키 등의 커뮤니케이션 도구를 이용하기도 한다. 이런 장치 덕분에 사람을 직접 만나서 이야기하는 시간은 줄어들고 있다.

물론 그 어떤 커뮤니케이션 수단보다 대면접촉이 가장 효과적인 것은 사실이다. 직접 만나서 이야기를 나누면 얼굴 표정과 손짓, 몸짓 등을 사용하기 때문에 말로만 소통하는 것보다 더 상세하고 감정적인 정보를 교류할 수 있다. 그러다 보니 공감대 형성과 상호 이해도가 더욱 높아진다. 반면 디지털을 통한 접촉은 이러한 공감을 이루기가 쉽지 않다.

그럼에도 불구하고 디지털 커뮤니케이션이 늘어나는 이유는 비용이 적게 들기 때문이다. 대면접촉은 같은 장소, 같은 시간에 만나야만 커뮤니케이션이 성사된다. 반면 디지털 커뮤니케이션은 굳이 같은 장소에 있지 않고, 같은 시간에 만나지 않아도 커뮤니케이션이 가능하다.

게다가 기술의 발달로 같은 곳에 있지 않아도 카메라를 이용해 서로의 표정과 몸짓을 볼 수 있게 되었다. 또한 다양한 멀티미디어 데이터를 이용할 수 있어 원활한 커뮤니케이션이 가능하도록 도와준다. 특히 이 모든 커뮤니케이션 내역이 기록된다는 점이 가장 큰 강점이다. 정보를 기록으로 남기고 그것을 고스란히 타인과 공유할 수도 있다.

게다가 메신저, 메일, SMS, 게시판을 넘어 이제 스마트폰을 이용한 모바일 메신저(카카오톡, 마이피플)가 등장해 커뮤니케이션을 더욱 다양하게 할 수 있다. 이러한 커뮤니케이션 수단은 업무를 공유하고 협의, 토론하는 데 크게 기여한다. 특히 여러 명에게 동시에 메시지를 보내고 의견을 취합하는 데 효율적이다.

— SNS가 바꾸어놓은 커뮤니케이션 현장

이러한 도구 덕분에 수십, 수백 명이 모이는 컨퍼런스의 모습까지 바뀌고 있다. 이전에는 강사와 청중이 한 자리에서 진정한 쌍방향 커뮤니케이션을 하기가 어려웠다. 그 많은 청중들이 강연에 동참할 수 있는 방법은 오로지 열심히 메모하는 것 외엔 없었다. 그나마 블로그 덕분에 강연 후에 후기를 남겨서 강연정보를 일부 공유하는 정도가 전부였다.

하지만 SNS의 성장 덕분에 컨퍼런스에서 트위터를 통해 그곳에 모인 모든 청중 심지어는 강사와도 소통할 수 있게 되었다. 트위터에서 강연과 관련한 특정한 키워드를 입력〔이를 ‘해시태그(hash tag)’라 한다〕하고 이것을 이용해 강연에 참석한 강사와 청중들이 그에 대한 이야기를 나눌 수 있다.

강사는 강연을 듣는 청중들의 생각을 실시간으로 참고할 수 있고, 강연에 참석한 청중들 역시 강사의 이야기에 대한 생각을 서로 나누며 좀 더 적극적으로 강연에 동참하게 된다. 강사의 이야기만 듣는 것이 아니라 강연에 참석한 모두의 의견이 교류되면서 더 값진 세미나가 된다. 물론 세미나에 참석하지 않은 다른 사용자들도 SNS를 통해 강연에 참여하게 되는 1석2조의 효과까지 생긴다.

이제 SNS는 연령과 직업마저 허문 경계 없는 커뮤니케이션으로 우리를 이끌고 있다. 트위터나 페이스북 덕분에 사회 각계각층의 유명인의 생각과 일상을 쉽게 들여다볼 수 있게 되었다.

게다가 기존에는 20~30대 사용자가 많았다면 이제는 40대 사용자도 대거 참여하고 있다. 실제로 40~50대의 정치인들도 SNS를 적극 사용하고 있으며 국내 주요 기업의 임원들 역시 SNS를 애용하고 있다. 이러한 서비스 덕분에 인맥을 관리하고 사람들의 생각을 쉽게 파악할 수 있게 되었다.

기업 내에서는 보안으로 인하여 트위터나 페이스북 같은 공개, 개방형 SNS가 아닌 사내 SNS를 이용하곤 한다. 기업용 정보공유 SNS로는 야머(yammer)가 대표적이다. 이는 등록된 사용자들이 그룹 간 정보를 공유할 수 있는 SNS로 보안에 강하다.

또한 위키 등의 도구를 이용하면 사내의 프로젝트를 기록하고 효율적으로 관리할 수 있도록 해준다. 이들 서비스를 이용해 기업 내 자료와 회의록 및 사내정보를 공유하며 활발한 토론을 유도할 수 있다.

리더의 경우, 이 같은 SNS를 이용하면 직원들이 어떤 생각과 고민을 하고 있는지도 쉽게 파악할 수 있다. 그들이 느끼는 회사의 한계와 불만이 무엇인지 들여다볼 수 있다. 물론 SNS에서 그들이 말한 내용에 회사와 상사에 대한 불만이 가득하다고 해서 불이익을 주거나 주의를 주는 행동은 직원 전체의 입에 재갈을 물리는 것과 다를 바 없다.

가장 좋은 것은 그들의 불만을 열린 마음으로 대하고 개선하려는 의지를 보이는 것이다. 그것이 어렵다면 차라리 모른 채 하는 것이 낫다. 그래야 직원들의 가감 없는 비판과 고민을 제대로 알 수 있기 때문이다.

물론 제아무리 성격 좋은 리더라도 싫은 소리에 마냥 기분이 좋을 수만은 없다. 그러다 보니 감정이 앞서 직원들을 이해하기보다는 책망하게 되는 경우가 많다. 하지만 칭찬보다는 비판을, 긍정보다는 부정을 드러내놓고 말하고 싶은 것이 인간의 속성 아닐까? 그것을 틀어막으면 오히려 병이 된다. '임금님 귀는 당나귀 귀'라고 소리치도록 해야(비록 실제로 임금님 귀가 당나귀 귀가 아니더라도) 회사에 대한 오해와 비판의 목소리를 쉽게 파악할 수 있다. 그것을 막아버리면 정작 회사에 해가 되는 존재와 내용이 무엇인지조차 파악하기 어렵게 된다.

직원 역시 이 모든 커뮤니케이션 내역이 기록되고 추후 근거로 남는다는 점을 항시 유의해야 한다. 사내 SNS라고 해서 자신의 생각을 여과 없이 마구 게재했다가는 예상치 못한 결과를 초래할 수 있다. 그러므로 항상 디지털로 커뮤니케이션한 내역은 추후 언제든 공개될 수 있다는 점에 유의해서 함부로 메시지를 남기지 않도록 해야 한다.

게다가 커뮤니케이션은 혼자 하는 것이 아니라 다른 사람과 함께하는 것이기에 내 컴퓨터뿐 아니라 상대의 컴퓨터에도 기록이 남는다. 더 나아가 웹에 저장된 커뮤니케이션 내역은 언제든 커뮤니케이션에 참여한 사람이 다른 사람과 공유할 수도 있다.

밤에는 메일을 쓰지 마라

밤에 하는 커뮤니케이션은 감성에 젖기 쉽다. 감정적인 글은 논리가 부족하고 자칫 판단력이 흐려질 우려가 크다. 그러므로 밤에는 메일을 쓰지 않거나 쓰더라도 예약 메일 등으로 설정해 다음 날 아침에 다시 읽어보고 발송하는 것이 좋다.

하지만 메일이나 게시판에 글을 기록하는 것이 아닌 통화나 메신저 같은 경우에는 밤에 해도 상관없다. 오히려 너무 딱딱한 커뮤니케이션은 대화를 부드럽게 진행하는 데 방해가 된다. 즉, 감정이 풍부해지는 밤에는 대면 혹은 통화를 통해서 직접 목소리로 대화를 나누는 커뮤니케이션이 텍스트 기반의 커뮤니케이션보다 공감을 더 유발할 수 있다.

따라서 누구를 비방하거나 도덕적 문제를 유발할 수 있는 내용은 아닌지 전송 전에 다시 한 번 생각해야 한다. 어떤 사람은 책임을 회피하기 위해 본인의 의사결정이나 판단이 기입된 메시지를 절대 보내지 않는 경우도 있다. 추후 문제가 발생했을 때에 책임 소지에 대한 근거를 남기지 않기 위해서다. 그래서 메일이나 메신저 등에 회신을 회피하는 리더도 있다. 이렇게까지 디지털 커뮤니케이션을 회피하는 것은 바람직하지 않다. 하지만 메시지 내용이 공개되었을 때 논란의 여지가 있을 만한 내용은 사전검열을 하는 것이 좋다.

물론 모든 커뮤니케이션이 디지털로 가능하다고 해서 대면접촉이 필요 없는 것은 아니다. 다음커뮤니케이션의 경우 본사가 제주도에 있어 전 직원의 20퍼센트 이상이 제주에서 근무한다. 서울에 있는 직원들과의 커뮤니케이션은 회사 회의실마다 설치된 화상회의 시스템을 이용한다. 또한 마이피플과 사내 메신저, 메일과 다양한 협업장치를 이용해 직접 만나지 않고도 커뮤니케이션을 한다.

하지만 열 번의 디지털 커뮤니케이션보다 한 번의 대면회의와 소주 한 잔이 이견과 갈등을 해결하는 데 큰 몫을 할 때도 많다. 간단한 정보 공유와 공지 등은 디지털 커뮤니케이션으로 충분하지만 이견과 갈등을 조정하는 것은 대면접촉만한 커뮤니케이션이 없는 것이다.

변화하는 고객과의 커뮤니케이션

커뮤니케이션 도구가 발달하면서 사내 커뮤니케이션만 변화한 것이 아니다. 고객과의 커뮤니케이션 역시 큰 변화를 맞고 있다. 기업의 상품과 서비스, 브랜드에 대한 고객들의 생각과 의견을 듣고 소통하는 방식에도 변화가 일고 있다.

과거 기업이 고객과 소통하는 통로는 고객센터를 통한 전화통화와 우편이었다. 사실 이마저도 제대로 된 양방향 커뮤니케이션이라 할 수는 없었다. 기업은 매스미디어를 통해 불특정 다수에게 메시지를 일방적으로 전달하고, 개인은 고객센터 등을 통해 역시나 기업에 대한 불만과 서비스 개선사항을 전달할 뿐이었다. 양쪽은 서로 소통할 수 있는 기회의 장이 부족했다.

하지만 이제는 기업 블로그와 카페, 트위터, 페이스북 같은 서비스 덕분에 제대로 된 소통을 할 수 있게 되었다. 소비자들이 기업에 대해 어떻게 생각하고 느끼는지 이러한 서비스를 들여다보면 쉽게 파악할 수 있다.

또한 소비자들은 기업 블로그, SNS에 글을 남기면서 적극적으로 소통에 나서고 있다. 물론 기업 역시 이런 소비자들의 의견에 반응한다. 게다가 이렇게 고객들과 기업 간의 커뮤니케이션 내역은 모두 고스란히 공개되기 때문에 기업의 커뮤니케이션 역량과 진정성이 고객에게 전달되는 효과도 있다.

네이버의 인물검색을 이용하면 국내외의 유명인과 기업인을 찾아볼 수 있다. 특히 최근에는 해당 인물의 미니홈피·트위터·페이스북·미투데이·요즘 등의 SNS가 소개되어 있기도 해서 최근 동향을 파악하기가 수월해졌다.

트위터·페이스북에서는 친구들에 대한 정보도 얻을 수 있고 친구 신청도 가능해서 비록 느슨한 온라인 인맥이지만 사람을 찾고 관계를 맺는 데 유용한 수단이 되고 있다.

유명인·기업인·연예인·정치인 등을 검색할 수 있는 네이버 인물검색

비즈니스맨들의 인맥관리 사이트 링크나우

링크나우(www.linknow.kr)는 직장인을 위한 전용 인맥 서비스로 국내의 비즈니스맨들을 쉽게 검색해 볼 수 있다. 출신학교, 다니던 회사와 다니는 회사 정보들이 꼼꼼히 채워져 있어서 업무제휴나 제안을 위해 사람을 찾을 때 유용하다. 이처럼 다양한 도구를 통해 이제 우리는 더 많은 사람과 소통할 수 있는 창구를 얻게 되었다.

혁신의 선두에 서기 위한
창의력과 기획력

시대가 아무리 변해도 직장인에게 가장 필요한 역량은 여전히 창의력과 기획력이다. 세상은 항상 새로운 것이 창조되면서 변화하고 있기 때문이다. 무에서 유를 창조해 내기 위해서는 창의력이 필요하고, 수많은 경쟁에서 살아남기 위해서는 차별화된 상품을 만들어내는 기획력이 필요하다.

이 역량을 키우는 가장 효과적인 방법은 다양한 경험을 쌓는 것이다. 쳇바퀴 같은 삶의 패턴에서 벗어나 여행이나 동호회 활동을 해보고, 평소 관심도 가지지 않았던 상품을 구입해 보고 다른 산업과 직군에 대해 활발하게 경험해 보면 큰 도움이 된다. 특히 신입사원에게는 참신한 아이디어를 수집, 발상하는 사고력이 필요하고, 중견사원에게는 기획력이, 리더에게는 창의력이 필요하다.

무엇보다도 빠른 변화의 시대에는 지속적인 혁신이 필요함을 잊지 말자. 혁신은 과거와 고정관념에 대한 부정과 자기비판에서 시작된다. 이러한 과정에서 창의력이 발휘되어 회사의 미래를 성장시킬 수 있는 아이디어가 나오고, 이 아이디어를 실천할 수 있는 기획력이 뒷받침될 때 미래의 먹을거리가 탄생된다.

── 시장 개척과 혁신의 필수요건 창의력

에어컨을 만들어 판매하던 위니아만도가 시장에 자리를 잡을 수 있었던 배경은 1995년 김치냉장고 딤채를 개발하면서부터다. 한국의 특수성을 감안해 냉장고를 특화하여 김치만을 보관하는 김치 전용 냉장고를 개발하며 새로운 시장을 창출해 냈다. 이러한 시장 개척 덕분에 삼성과 LG도 이 사업에 뛰어들었고 현재는 연간 1조 원을 훌쩍 넘는 시장으로 성장했다.

스팀청소기를 개발하며 새로운 시장을 개척해 주부에서 연매출 1,500억 원이 넘는 한경희생활과학의 CEO로 자리 잡은 한경희 대표 역시 새로운 청소기를 만들어내며 시장을 일구었기에 거대 기업의 틈바구니에서 성장할 수 있었다.

이 모든 것이 창의력의 힘이다. 이처럼 창의력이 시장에 끼치는 영향력은 우리의 상상을 뛰어넘을 만큼 거대하다.

사실 성공하는 기업은 두 가지로 분류할 수 있다. 하나는 세상에 없던 것을 만들어내며 시장을 파괴적으로 혁신해 가는 선도자(First mover), 두 번째는 세상에 있던 것을 저렴한 가격으로 대량생산하며 대중적 기반을 만들어가는 추격자(Fast follower)다.

전자는 고가의 프리미엄 전략으로 고마진의 이윤을 추구하는 애플이 대표적이다. 반면 후자는 저가의 보급형 전략으로 박리다매의 경영전략을 추구하는 삼성전자가 대표적이다.

누구나 전자가 되기를 꿈꾸며 기업을 운영하고, 직장인 역시 그렇게 혁신적인 상품을 만들기를 꿈꾼다. 하지만 그것이 쉬울 리 없다. 쉽지 않기에 아무나 못하고 성공하는 기업은 극소수일 뿐이다. 그 이유는 위험부담이 크기 때문이다. 결국 실패할 확률이 높기에 실패를 견뎌낼 수 있는 지구력이 있어야 하며, 성공할 만큼 훌륭하고 혁신적인 상품을 만들어낼 수 있는 기획력이 필요하다.

이때 리더라면 짚고 넘어가야 할 문제가 하나 있다. 많은 리더들이 변화와 혁신은 본인에게서 시작해야 하는데 거꾸로 아래에서 시작해야 한다고 착각하는 것이다. 혁신적인 결과를 원한다면 리더 역시 고정관념과 기득권에 얽매여 있어서는 안 된다. 그런데도 리더는 혁신의 발목을 잡았던 것이 본인임을 인지하지 못한 채 아래로부터의 혁신만 강요한다.

혁신의 최대 적은 기존의 성과에 일등공신으로 한자리를 차지하고 있는 리더들이다. 그들에게 변화는 불안정한 미래를 가져오는 시련이기 때문이다. 현명한 혁신은 강력한 CEO의 리더십을 기반으로 위에서부터 시작되어야 한다. 혁신에 방해가 되는 세력부터 제거하거나 그 세력이 주체가 되도록 해서 모두가 동참할 수 있는 분위기를 조성해야 한다.

수학문제를 빨리 풀기 위해서는 공식이 필요하다. 그런데 그 공식은 어떻게 만들어진 것일까? 공식을 알고 암기해서 문제를 푸는 것은 쉽지만 그 공식 자체를 만들어내는 것은 어렵다. 공식은 마치 콜럼버스의 달걀과 같다. 달걀을 세로로 세울 수 있는 방법은 달걀 끝을 깨뜨려서 세우면 된다. 너무 간단한 방법이지만 그 방법을 처음 생각해 내기란 쉽지 않다.

창의력도 이와 같다. 알고 보면 너무나 뻔한 생각이지만, 최초로 그것을 생각해 내는 것은 어렵다. 그런데 그런 생각이 기업의 미래 성장 동력을 여는 열쇠가 되기도 하고 개인을 일약 스타로 만들기도 한다.

기발한 생각은 아이디어로 점화되고, 그 아이디어를 기획화해서 상품으로 만들어 세상에 선보이게 된다. 그렇게 선보인 제품이 시장에 파괴적인 영향을 끼칠 때, 그 기업은 시장을 선도하는 기업으로 주목받게 된다.

그 아이디어는 특허로 보호를 받으면서 추격자들이 빨리 따라오지 못하도록 만든다. 물론 금세 기술은 복제되고 상향평준화되기 때문에 기업은 그 다음 단계의 또다른 아이디어를 만들어내야 한다. 그것이 숙명이기에 기업은 끊임없이 새로운 것을 만들어낼 수 있는 창의력을 갖춘 기획자이자 개발자를 원할 수밖에 없다.

창의력은 만들어지는 것

그렇다면 이러한 창의력을 어떻게 해야 생기는 걸까? '1+1'을 머리로만 계산하면 2이지만 마음으로 계산하면 11도 될 수 있다. 즉, 고정관념 속의 공식으로 숫자를 바라보면 누구나 같은 답을 계산하지만 엉뚱하게 생각하면 전혀 다른 결과가 나온다. 아이디어의 탄생은 이 같은 엉뚱함에서 시작되는 것이다.

구체적인 사례를 알아보자. 닌텐도의 위(Wii)라는 게임기가 2006년에 출시되었는데 이는 과거 게임기와 전혀 다른 콘셉트로 탄생했다. 이전에는 게임기가 초등학생이나 게임 마니아들만 즐기는 것이었는데, 위는 온 가족이 함께 즐길 수 있는 게임이었다. 게다가 손가락만 이용해서 하는 것이 아니라 온몸을 이용해서 즐길 수 있어 운동효과도 있었다.

즉, 게임과 스포츠가 결합된 것이다. 집 안에서 하는 게임과 집 밖에서 하는 스포츠가 서로 경쟁관계였는데 위는 이 둘을 결합하는 기획으로 새로운 제품을 탄생시킨 것이다.

이렇게 서로 다른 산업이나 상품이 결합해서 나온 대표적인 예가 휴대전화에 카메라와 MP3P 기능이 통합된 것이다. 휴대전화에 내장된 카메라로 촬영한 사진을 쉽게 지인들에게 전송할 수 있게 되어 과거에 체험하기 어렵던 편리함을 누리게 되었다. 창의적인 아이디어는 전혀 없던 것을 만들어내는 것 외에 있던 것을 결합해서도 만들 수 있다.

또한 창의력은 논리적 사고를 통해서 계산하면서 드러나기도 하고, 불현듯 떠오르기도 한다. 물론 생각에 생각을 거듭하면서 실마리를 찾을 수도 있지만 머리를 쥐어짠다고 해서 창의적인 아이디어가 생각나는 것은 아니다.

이렇게 독특한 생각의 접근으로 새로움이나 문제해결의 아이디어를 떠올리기 위해서는 생각이 흐트러지지 않게 해야 한다. 마치 우라늄이 핵분열을 일으키며 엄청난 폭발 에너지를 만들어내듯 생각이 연속적으로 이루어지면서 더 큰 아이디어로 발현될 수 있도록 환경을 조성해야 한다.

그래서 주변의 방해(전화, 상사의 잔소리, 업무지시, 타이핑 소리 등)

에서 벗어나 조용히 명상을 할 수 있는 나만의 고요한 장소와 시간을 찾아야 한다. 그곳에서 오로지 그 문제 하나에만 집중해서 생각을 거듭하면서 아이디어를 찾아 나서야 한다. 이렇게 시간을 투입하면서 그것만 오로지 생각하며 아이디어를 찾는 것은 호랑이를 잡으러 호랑이 굴

집중력을 위해 주위를 정리하라

디지털 시대에 살면서 우리의 눈과 귀는 언제나 주변의 디지털 공해에 노출되어 있다. 시도 때도 없이 전화벨은 울리고 컴퓨터에 설치된 메신저 · 트위터 · 페이스북에서는 새로운 메시지가 도착했음을 알린다. 스마트폰 역시 SMS · 마이피플 · 카카오톡 · 메일 그리고 수많은 앱에서 새로운 메시지가 왔다고 알림창이 수십 번씩 뜨며 집중력을 흐트러지게 한다.

세 시간 동안 국어 · 영어 · 수학을 나누어 한 시간씩 공부하는 것과 10분마다 과목을 번갈아가며 공부하는 것 중 어떤 것이 더 집중이 잘 될까? 당연히 전자다. 사람은 컴퓨터처럼 멀티태스킹을 제대로 하기 어렵다. 집중력이 흐트러질 수밖에 없다. 창의적인 아이디어를 떠올리거나 문제해결을 위해서는 집중의 시간이 필요하다.

그러기 위해서는 시선을 빼앗는 주변의 잡동사니를 청소해야 한다. 눈에 보이지 않게 치워야 한다. 오로지 생각을 집중하며 정리할 수 있는 볼펜과 수첩 정도만 있으면 된다. 혹은 모니터에 흰색 문서창을 띄워두고 키보드만 있으면 된다. 그 외에 나를 괴롭히는 디지털 기기들은 모두 꺼두도록 한다.

로 뛰어드는 것과 같다.

물론 본인이 굴로 들어가지 않고 호랑이를 굴 밖으로 끌어내는 방법도 있다. 굴에 연기를 피우거나 먹이로 유인해서 굴 밖으로 꺼내는 것이다. 아이디어와 만나는 것 역시 아이디어를 찾아 나서는 것 외에 아이디어가 내게 오도록 하는 방법도 있다.

단, 이러한 방법은 시간이 걸리고, 우연한 기회에 찾아온다. 그래서 다양한 경험과 여유를 가지며 그 시간을 단축하려고 노력해야 한다. 여러 가지 신기술과 트렌드를 미리 알아보고 갖가지 IT 도구들을 활용해 그때그때 떠오르는 아이디어와 경험을 고스란히 기록해 두어야 한다. 이러한 도구를 익숙하게 사용하고 활용하는 것은 창의력을 키우고 아이디어를 기록, 관리하는 데 필수적이다.

불현듯 떠오르는 아이디어는 전구에 불이 들어오는 것처럼 찰나에 뇌리를 스치며 다가온다. 그 아이디어는 고정관념과 관습에서 벗어나 휴식을 취하던 중, 버스를 타고 가던 중, 샤워를 하던 중, 시간과 장소를 가리지 않고 불현듯 찾아온다. 책상에 앉아 하루 종일 머리를 싸매고 있다고 찾아오지 않는다.

── 상상의 나래 속에서 빙고를 외치다

창의력을 일깨우는 것은 '우뇌'라고 한다. 우뇌는 왼손과 연결되어 있어 잘 사용하지 않는 왼손을 일부러 자주 사용하려고 노력하면 우뇌가 자극을 받아 창의력에 조금이나마 도움이 될 수 있다. 좌뇌는 논리적인 사고와 계산을 할 때 주로 이용되는 반면 우뇌는 감정과 감성적인 마음을 자극한다.

그런데 아이디어는 우뇌와 좌뇌의 결합을 통해 떠오르게 마련이다. 특히 좌뇌가 방아쇠처럼 아이디어의 시작을 당기게 된다. 그렇기에 좌뇌를 자극하는 것은 창의력을 키우는 데 직접적인 도움이 된다.

좌뇌를 자극하기 위해서는 상상력이 풍부해야 한다. 눈을 감고 상상하며 고정관념에서 벗어나 엉뚱하게 해석하고 생각하는 습관을 들여야 한다. 그 습관이 단지 머릿속에서만 이루어지는 것보다는 오감이 그것을 받아들일 때 기발한 생각을 떠올릴 수 있다.

그래서 가끔 하늘을 쳐다보고 여유를 가지며 여행을 하고 평소 경험하지 못했던 색다른 경험을 할 필요가 있다. 평소 만나보기 어렵던 사람들을 인터넷 동호회를 통해서 만나고, 전혀 해보지 않았던 스포츠를 하거나 무작정 여행을 떠나 머릿속에 엉뚱함을 가득 담아 와야 한다. 즐겨 듣지 않는 음악과 영화 그리고 한 번도 먹어보지 못한 음식을 맛보는 것도 좋은 방법이다.

이러한 경험 하나하나가 좌뇌 속 깊숙이 숨겨진 아이디어의 스위치를 켜게 만들 것이다. 물론 이런 경험 속에 불현듯 떠오르는 아이디어의 실마리는 그때그때 기록해 두어야 한다. 10분이 지나면 금세 그 실마리는 기억에서 사라지기 때문이다.

─ 아이디어를 현실로 바꾸는 기획의 힘

창의력이 그저 아이디어를 떠올리는 것이라면 기획력은 실행을 가능하게 하는 촉매제다. 아이디어는 누구나 생각해 볼 수 있지만 실행은 아무나 하지 못한다. 그렇기에 우리는 단순히 아이디어만 떠올릴 것이 아니라 실현 가능한 아이디어를 도출해 내야 한다. 그렇지 않으면 어떤 아이디어라도 실행에 옮길 수 있는 기획력이 있어야 한다. 결국 이 둘의 궁합이 맞아야 실제로 사용자에게 선보일 수 있는 진짜 창조품이 탄생할 수 있다.

기획은 아이디어에서 시작된다. 하지만 모든 아이디어가 기획으로 이어지지는 않는다. 따라서 실행을 전제로 한 아이디어만이 기획의 반열에 포함될 수 있다.

이때 실행의 여부는 경제성·효용성·경쟁력에 대한 제반사항에 달려 있다. 현재 기업이 가진 자원과 기술력 그리고 브랜드 파워 등을 기준으로 이 기획이 실행되면 확실히 경쟁 우위의 가능성이 있는지를 판단해야 한다. 그렇기에 아이디어는 간단하고 가볍게 떠올릴 수 있으나 기획은 분석하고 정리해야 할 것이 많다.

전문가와 비평가들이 저지르기 쉬운 잘못도 바로 가벼운 아이디어를 제시하고 그것을 전략처럼 내세우는 데 있다. 진정한 기획은 그 기업의 현재 한계상황과 환경, 조직문화 등 여러 사항을 파악한 후에 실현할 수 있는 것이어야 한다.

너무 뻔해 보이는 아이디어가 세상의 모든 상품과 서비스에 구현되지 못하거나 안 하는 이유도 그것이 실현 불가능하거나 실현에 들어가는 비용에 비해 기대가치가 낮기 때문이다.

따라서 기획자와 컨설턴트 그리고 전문가들은 브레인스토밍 같은 아이디어 수집회의가 아니라면 가벼운 아이디어를 함부로 남발하지 않아야 한다.

기획회의나 전략회의 등에서 실행이 전제되지 않은 아이디어를 제시하면 소모적인 논쟁과 억측만 양산하게 되기 때문이다.

그렇다고 실현을 전제로 아이디어의 발상을 막을 필요는 없다. 기술의 발전과 함께 실현 가능성과 비용은 줄어들게 마련이다. 그러므로 아이디어는 많을수록 좋다. 다만, 그것을 '실현'이라는 필터링을 거쳐 기획으로 정돈하는 과정은 까다롭게 해야 한다. 그래야 불필요한 자원의 낭비를 줄일 수 있다.

── 세 가지가 담겨야 하는 기획

저기 멀리 있는 과녁을 화살로 맞히기 위해서는 무엇이 필요할까? 우선 활과 화살이 필요하다.

그 다음 궁사는 무엇을 생각해야 할까? 가장 먼저 마음을 가다듬고 심호흡을 하면서 명상에 잠겨야 한다. 내가 왜 이 자리에 와서 활을 당겨야 하는지 스스로 마음가짐을 바로 잡아야 한다. 그리고 화살을 활에 고정한 후 바람의 방향과 세기를 고려해서 적중해야 할 과녁을 뚫어져라 쳐다보며 집중과 몰입을 해야 한다. 이후 과녁에 적중하기 위해서 방향과 힘을 조절하고 실행에 옮기게 된다.

기획도 이와 비슷하다. 기획을 할 때 가장 먼저 고민해야 할 사항은 바로 비전이다. 기획을 통해서 어떤 가치가 실현될 수 있는지 마음속에 큰 그림을 그려야 한다.

이 기획이 세상을 어떻게 바꾸어놓을 수 있는지, 사용자들은 어떤 가치를 누릴 수 있는지 그리고 기업 혹은 나 자신은 이것을 통해서 어떤 기대효과를 얻을 수 있는지를 정의할 수 있어야 한다. 한마디로 이 기획을 왜 해야 하는지를 정리해야 한다. 그것이 기획의 첫 걸음인 비전을 정의하는 일이다.

두 번째로는 미션을 확정해야 한다. 이를 통해 구체적으로 달성하고자 하는 목표를 설정한다. 그런 다음 기획이 실행되면 얻을 수 있는 목표(과녁)를 숫자로 제시한다. 모든 기획은 목표, 즉 성과를 달성하기 위한 것이기 때문이다. 또한 추후 기획의 성패를 판단하기 위한 잣대로도 필요하다.

마지막으로 구체적인 전략을 정리한다. 그 기획을 달성하기 위한 실행방안을 말한다. 여기에는 경쟁환경에서 비전과 목표를 달성하기 위해 어떻게 행동할 것인지 계획표가 담겨야 한다. 그 계획표에는 예상 자원(인력, 비용 등)·일정·진행방식 등이 포함되어야 한다.

이렇게 세 가지가 담겨 있으면 기획의 필수요건이 충족된다. 아이디어는 단지 '무엇'만을 담으면 되지만, 기획에는 '5W 1H(6하 원칙)'가 모두 담겨 있어야 한다.

물론 이러한 조건을 충족하는 기획이라도 이를 실행에 옮길 수 있는 사람이 없으면 무용지물이다. 설사 실행이 되어도 지속적으로 이 기획을 유지할 수 있는 사람이 없으면 중단되게 마련이다. 그렇기에 기획을 함에 있어서 가장 먼저 챙겨야 할 것은 적임자를 찾고, 그 사람들을 모아서, 함께 일하도록 만드는 리더십이다. 그래서 기획자는 성장하면서 리더십까지 필요하게 된다.

— 기획력 향상의 핵심역량, 호기심과 끈기

기획력은 어떻게 향상될 수 있을까?

여러 방법이 있겠지만, 그중에서도 주변 사람과 사물에 대한 호기심을 꼽을 수 있다. 기획력은 세상에 없던 것을 만들어내는 창조력과 같다. 그런데 새로운 것을 창조한다는 것은 머리로만 되는 것이 아니다. 생명체의 탄생이 사랑을 바탕으로 가능하듯이 물질의 탄생 역시 사랑이 근간이 된다.

즉, 기획력은 주변 사람과 사물에 대한 관심과 호기심에서 싹트는 것이다. 인간에 대한 관심이 있어야 그들이 무엇을 불편해 하고 필요로 하는지 알 수 있다. 이는 앞서 언급한 기획의 세 가지 요건 중에서 첫 번째인 비전을 찾는 일에 해당한다.

새로운 창조물이 인류에 어떤 즐거움과 가치를 제공하는지를 깨달아야 기획의 열정에 불을 지필 수 있다. 일상에서 주변을 관찰하면서 이러한 가치와 비전을 발굴해 낼 수 있다. 기획의 시작이 되는 아이디어의 탄생도 이 같은 과정을 거친다. 수많은 발명가들이 발명품을 만드는 이유 역시 일상의 불편한 점을 극복하고 좀 더 편리한 삶을 찾고자 하는 데서 시작된다.

물론 호기심만 가득하다고 제대로 된 결과물을 만들어내는 건 아니다. 어떤 상황에서도 이 호기심을 유지할 수 있는 끈기가 필요하다. 아기가 태어나려면 약 10개월의 임신기간과 엄청난 출산의 고통이 따른다. 이때 10개월간 산모가 겪는 이루 헤아릴 수 없는 고통과 불편함을 우리는 잘 알고 있다. 이처럼 새로운 탄생에는 당연히 고통이 수반된다.

따라서 기획자가 기획해서 상품을 만드는 일에 숱한 고통과 남모를 고난이 따르는 것은 당연하다. 사실 기획과 실현의 과정에서 발생하는 장벽은 직장에 다니는 사람이라면 어떤 업무에서나 비일비재하게 일어난다. 그것은 마치 결혼한 부부가 (혹은 부모와 자식이) 일상을 살면서 자연스럽게 발생하는 다툼과도 같다.

문제는 그러한 과정이 끊임없이 반복되면서 담당자 자신이 지치는 데 있다. 심지어 대화나 상식이 통화지 않는 경우도 많다. 결국 이런 모

스트레스 견디기

기획자로서 그 어떤 역량보다도 중요한 것은 스트레스에 대한 내성이다. 사실 똑똑한 사람일수록 스트레스에 약하다. 똑똑하기에 굳이 스트레스를 견딜 이유가 없기 때문이다. 이들은 스트레스를 피해갈 방법(이직·퇴사·창업 등)이 눈에 보이기에 굳이 스트레스를 견뎌가며 업무를 지속할 이유가 없다.

하지만 기획은 그 업무의 특성상 개발·영업·마케팅·경영·관리 등 다양한 분야의 중간에서 많은 사람들과 커뮤니케이션을 하며 업무를 추진하는 것이다. 그렇다 보니 스트레스를 피해갈 수가 없다.

직장생활의 가장 큰 스트레스는 사람들과의 관계에서 비롯된다. 그 스트레스를 잘 극복하고 견디는 내성이 없으면 아무리 똑똑한 기획자라도 산출물을 낼 수 없다. 심지어 한 번도 끝까지 결과물을 만들어내지 못하게 되면 매번 이 핑계 저 핑계를 대며 회사나 조직을 옮겨 다니는 도피자의 삶을 살 뿐이다.

든 상황은 열정과 꿈에 대한 도전이 원동력이 되어야 극복할 수 있다. 사랑하는 사람을 만나 결혼을 해도 다투지 않을 수 없는데 생면부지의 사람들이 수십 명 모여서 일하는 회사에서 의견충돌과 반목, 이견이 없을 리 없다.

결국 그런 문제가 발생할 때에 지속적으로 해결하며 앞으로 나아가는 동력을 얻는 방법은 기획한 일이 성공했을 때 나올 산출물에 대한 기대와 업무에 대한 열정을 유지하는 것이다. 10개월간 산모가 뱃속에 있는 아기에 대한 사랑 하나로 그 불편을 감수하는 것과 같다. 따라서 중도에 포기하지 않고 끊임없이 장벽을 헤치고 앞으로 나아가는 끈기가 기획력의 중요한 역량이 될 수밖에 없다.

설 자리를 잃어가는 기획자의 현실

나날이 기획력이 중시되는 이때, 역설적으로 기획자가 설 자리는 점점 줄어들고 있다. 사실 구글과 야후만 해도 기획과 개발의 경계가 모호하다. 아이디어를 내서 기획으로 구성하고 개발하는 모든 과정을 한 직군에서 진행한다. 이를 'Product Manager'라고 부른다.

한국은 아직 대부분의 기업에서 기획·영업·개발·마케팅 직군이 명확하게 구분되어 있지만, 전 세계적으로 볼 때는 IT 기업을 시작으로 이 같은 구분이 사라지고 있다. 이미 실리콘밸리에서는 사라진 지 오래다.

그렇다면 기획자는 이러한 흐름에서 자신의 자리를 어떻게 지킬 수 있을까? 기획이 천대받지 않으려면 영업·마케팅·개발 등을 아우를 수 있는 비전을 제시할 수 있어야 한다. 전체 직무를 제대로 이해하고 다양한 경험을 바탕으로 기업의 경영전략이나 상품전략을 수립할 수 있는 기획 상위의 전략적인 역할을 수행해야 한다.

파스타를 만들어본 요리사만이 파스타를 만들도록 지시하는 쉐프가 될 수 있다. 그뿐만 아니라 쉐프의 자리는 파스타 외에도 수많은 요리를 할 수 있어야 하고, 아예 새로운 요리도 만들어내야 한다.

따라서 기획자가 계속 요리사에 머물게 되면 갈수록 설 자리를 잃게 마련이다. 기획자가 쉐프를 꿈꿀 때, 그 비전도 완성될 수 있다. 앞으로 기획은 기획자가 아닌 개발자, 마케터 등이 할 수 있게 될 것이다. 그렇기에 기획자는 더 큰 비전을 향해 도약해야 한다.

메모, 창의력과 기획력을 높여줄 핵심기술

메모는 언제 어디서나 생각나는 상념과 아이디어, 할 일 등을 기록·정리·관리할 때 사용할 수 있다. 이렇게 메모를 해두면 창의력과 기획력을 발휘해야 할 때 중요한 사고의 자료가 된다.

또한 반드시 암기해야 하는 사항이나 회의 때 참고할 내용 등도 메모를 이용해서 컴퓨터에 기록해 두자. 틈틈이 그것을 스마트폰으로 확인하면서 기억하고 재정리하는 습관을 들이면, 비즈니스와 관련된 더 많은 정보나 도구들에 자연스럽게 관심이 커질 것이다.

메모를 도와주는 비즈니스 도구들은 다양하다. 여기서는 '에버노트와 네이버 메모'라는 두 가지 서비스를 통해 얼마나 스마트한 업무를 할 수 있는지 알아보자.

1. 에버노트

에버노트는 현재 스마트폰과 컴퓨터에서 사용할 수 있는 가장 대표적인 디지털 메모장 중 하나다. 이는 IBM 컴퓨터·맥·스마트폰·스마트패드 등 어디서나 소프트웨어(앱)를 설치해서 사용할 수 있다. 또한 웹 브라우저를 이용해서 웹으로 사용하는 것도 가능하다.

에버노트는 모든 것을 기록할 수 있는 메모장으로, 다양한 기기를 통해 에버노트의 계정에 연결해 메일을 확인하는 것처럼 동일한 내용을 볼 수 있다.

또한 스마트폰에 저장된 이미지와 오디오 자료를 메모하는 것도 가능하다. 운전 중이라 타이핑할 수 없는 경우에 목소리를 녹음하거나 세미나와

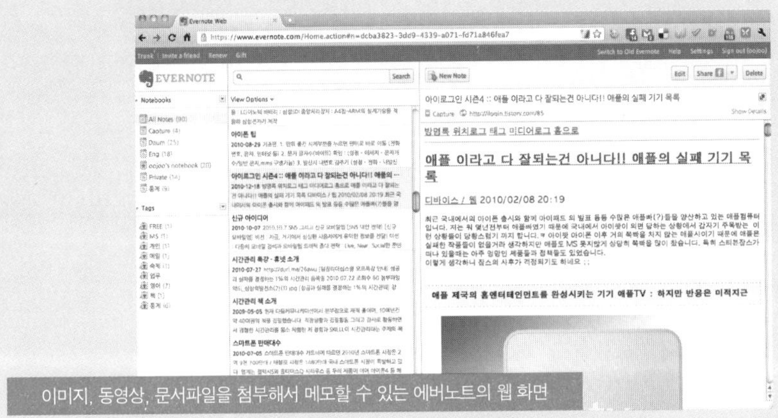

각종 회의의 음성을 녹음하는 것도 가능하다. 컴퓨터에서 업무에 대한 세부내역이나 프로젝트 일기 등을 에버노트(사용법 http://bit.ly/eiK3Te)에 자세하게 기록하고 스마트폰을 이용해 외부에서 보는 것도 가능하다. 디지털 메모장에 회사의 모든 업무내역을 정리해 둠으로써 언제든 꺼내보고 참고할 수 있다.

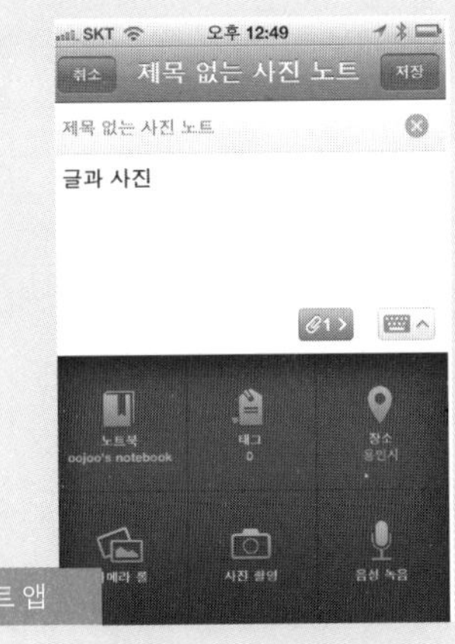

스마트폰에 연결해 사진과 음성메모를 기록할 수 있는 에버노트 앱

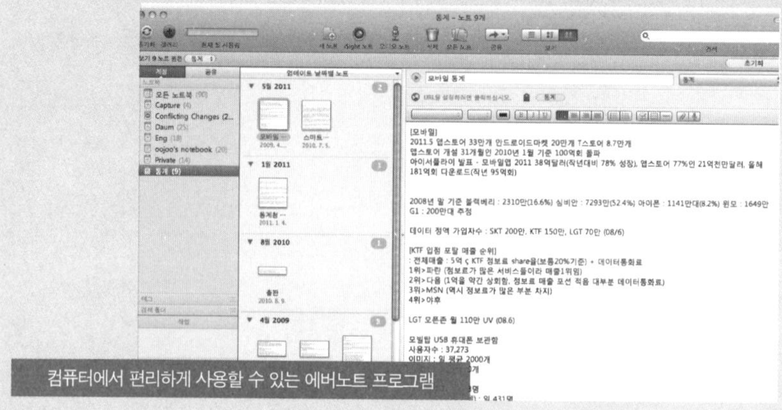

2. 네이버 메모

이미 스마트폰에 기본적으로 메모에 대한 앱이 있지만 네이버 메모는 컴퓨터와도 동기화 되어 어느 기기에서나 사용하기 유용하다. 네이버에서 제공하는 스마트폰용, 데스크톱용 메모 앱을 이용하면 컴퓨터와 스마트폰 모두에서 동일한 메모를 확인하고 관리할 수 있다.

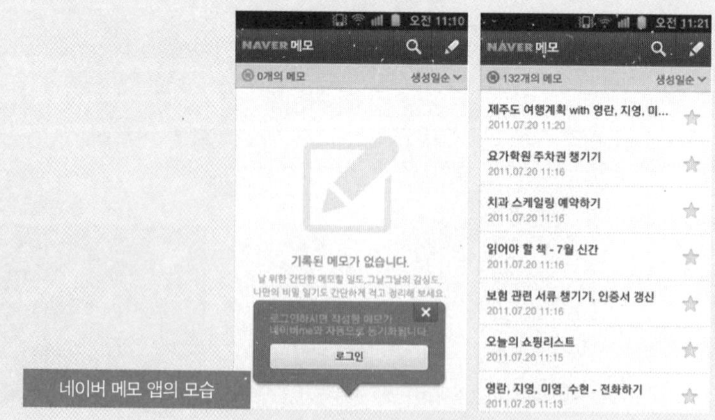

3. 딜리셔스

하루에도 수백만, 수천만 개의 뉴스와 콘텐츠들이 생산되다 보니 모든 것을 읽을 수가 없다. 그래서 적어도 아침마다 포털 뉴스를 보거나 유명 블로그의 글을 보고, 세미나에서 알게 된 특정한 정보 등을 보면서 자신만의 자료를 쌓게 된다. 이렇게 접한 정보는 그때마다 기록해 두어야 하는데, 이때 딜리셔스(사용법 http://bit.ly/i6Rsdw)라는 서비스를 활용하면 효과적이다.

특정 웹페이지의 URL과 해당 페이지의 제목, 간단한 메모를 기록해서 딜리셔스에 저장해 둘 수 있다. 이렇게 저장한 웹페이지 목록은 언제든 방문해서 확인할 수 있고 검색도 가능하다. 하루하루 차곡차곡 중요한 웹페이지에 대한 정보를 이곳에 쌓아두게 되면 금세 나만의 보물창고를 가질 수 있다.

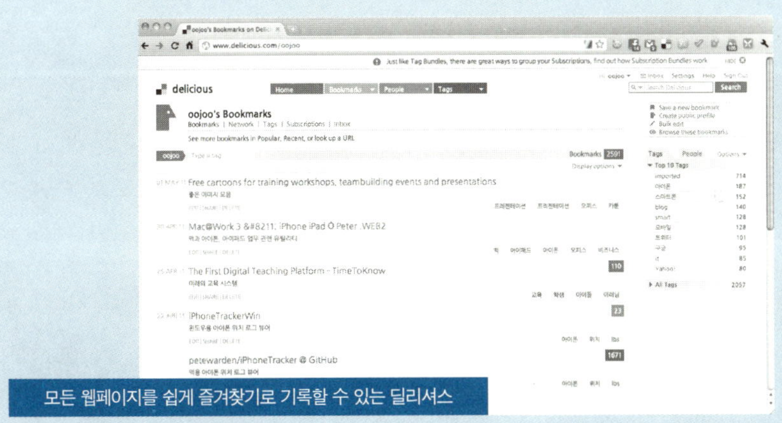

모든 웹페이지를 쉽게 즐겨찾기로 기록할 수 있는 딜리셔스

7

성공의 당락을 결정짓는 프로젝트 관리력

기획의 최대 적은 용두사미가 되는 것이다. 시작은 거창했는데 끝은 초라하게 되는 경우 말이다. 말만 번지르르하게 포장해서 기획안을 제시해 놓고 정작 결과물은 일장춘몽으로 전락하는 것이 기획자가 가장 경계해야 할 사항이다.

기획이 확정되어 개발에 들어가면 그 과정을 어떻게 관리하느냐에 따라 결과물의 완성도가 달라진다. 훌륭한 와인은 재료가 되는 포도도 중요하지만 숙성과정에서 보관과 관리도 한몫을 하는 것처럼 말이다.

용을 그릴 때 맨 마지막에 가장 중요한 용의 눈을 그려 그림을 완성한다는 '화룡점정'이란 말이 있다. 프로젝트 역시 맨 마지막 화룡점정의 순간을 맛볼 때까지 긴장을 늦추면 안 된다. 중간 과정 하나하나에

심혈을 기울이며 의사결정과 품질관리, 문제해결을 해야 한다. 가장 중요한 핵심사항을 맨 마지막에 두는 이유는 그만큼 끝까지 긴장을 늦추지 않기 위해서다.

이번 장에서는 기획의 성패를 결정하는 프로젝트 관리 때 유념해야 할 사항을 알아보자.

— 돌다리, 두드리고 건너면 늦는다

완벽한 기획을 위해 다듬다 보면 시간은 멀리 흘러가게 마련이다. 사실 세상에 완벽한 기획은 있을 수 없다. 21세기 최고의 제품으로 칭송받는 아이폰 역시 최초의 모델은 투박했고 수많은 전문가들의 비판을 받았다.

하지만 애플은 이후 아이폰을 꾸준히 진화시켜서 완전한 제품으로 다듬어갔다. 삼성전자의 갤럭시S2 역시 갤럭시A부터 다양한 제품을 출시하면서 경험한 노하우가 집적된 것이다. 처음부터 완벽한 기획은 있을 수 없다.

사실 아이폰에 맞서는 스마트폰을 만들기 위해 구글은 안드로이드 운영체제를 기반으로 안드로이드폰의 모범이 될 수 있는 레퍼런스폰을 만들고자 삼성전자와 제휴를 추진했다. 하지만 삼성전자는 '최초의 시도'에 부담을 많이 느꼈다. 아직 스마트폰 시장에 대한 확신이 없었던 데다가 최초의 레퍼런스폰이 자칫 불안정하고 오류가 많아서 실험 대상이 되지 않을까 염려했을 것이다. 그것이 기업 브랜드에 악영향을 끼칠 수 있지 않을까도 걱정했을 것이다.

그런 망설임은 결국 HTC라는 대만회사에게 기회를 주었고, 그로 인해 최초의 구글 안드로이드폰인 'G1'이라는 제품이 탄생했다. 이 제품 역시 처음 시장에 나왔을 때는 비판을 많이 받았지만, 이후 출시되는 HTC의 안드로이드폰은 G1에 대한 경험 덕분에 삼성전자와 어깨를 나란히 하게 되었다. 기업 자체도 스마트폰의 대표기업으로 자리매김했다.

시장조사 기관 SA에서 발표한 2011년 1분기 휴대전화 업계 실적에 따르면 영업이익 규모에서 애플, 삼성전자 다음으로 HTC가 높을 만큼 글로벌 휴대전화 업체로 안착하였다.

프로젝트 결과물에 대한 품질을 강화하고 완성도를 높이는 것은 당연하지만 자칫 그것이 프로젝트 속도의 발목을 잡아서는 안 된다. 프로젝트의 시작 전부터 머릿속으로 따지고 계산하는 것으로 불필요한 시간낭비를 하지 않도록 유의해야 한다.

아무것도 하지 않고 탁상공론으로 시간을 허비하느니 우선 실패하더라도 실행해 보면 예상 밖의 것들을 배울 수 있다. 그 경험이 이후 프로젝트의 완성도를 높이는 데 크게 기여할 것이다. 하지만 아무것도 하지 못한 채 프로젝트의 진행 여부를 두고 논쟁을 벌이면 비록 실패는 하지 않지만 향후에 성공할 수 있는 기회도 잃게 된다.

― 완벽함보다 심플함의 시대

프로젝트를 구성할 때 욕심이 앞서면 많은 것을 포함하려고 한다. 제품의 완성도를 높이기 위해 하고 싶은 모든 것을 기획서에 넣게 된다.

할 수 있는 모든 것을 넣었으니 그 프로젝트를 계획대로만 완성하면 최고의 제품이 될 수밖에 없다.

문제는 그것이 이상일 뿐이라는 것이다. 환상 속에 존재하는 제품일 뿐, 현실에서 그렇게 만드는 것은 불가능하다. 프로젝트는 정해진 기간, 제한된 자원을 가지고 설정한 목표를 달성하는 과정이다. 그런데 담당자의 욕심이 지나치면 설정한 목표는 높기만 하고 조건은 제한되어 있어서 실패할 수밖에 없다.

우리가 사용하는 주변의 모든 상품과 인터넷과 컴퓨터에서 만나는 서비스, 소프트웨어는 시간의 흐름을 따라 조금씩 진화해 왔다. 최초의 휴대전화는 오로지 통화기능만 가능할 뿐이었다. 지금의 스마트폰은 카메라 기능, 음악 및 동영상 재생은 물론 인터넷과 컴퓨터의 기능을 통합적으로 제공하고 있다.

아마 10년 전의 휴대전화 기획자는 지금 스마트폰과 유사한 가치의 콘셉트폰을 생각했을 것이다. 하지만 그것을 실현하기 위한 현실적인 조건이 되지 않으니 조금씩 휴대전화에 기능이 추가되면서 지금의 모습으로 점진적으로 발전한 것이다.

프로젝트를 시작할 때는 욕심을 버려야 한다. 모든 사람의 요구를 반영한 완벽한 방안을 만들려 하지 말고, 프로젝트의 당초 목적을 달성하는 데 집중해야 한다. 그렇게 프로젝트를 성공시킨 후 새로운 것을 하나씩 추가해 가야 한다.

처음부터 욕심을 내면 그런 환상의 제품이 나오기도 어렵거니와 나오더라도 사용자들이 반응하지 않는다. 사용자들은 서서히 변화하기 때문이다. 최초의 PDA가 지금의 스마트폰과 닮았음에도 사용자들이 거들떠보지 않았던 이유와 같다.

다음의 스마트폰 서비스인 '다음지도' 역시 이렇게 탄생했다. 처음에는 그저 길 찾기와 장소 검색 정도의 기본적인 기능만 제공했었다. 다양한 기능을 제공하던 구글지도와 비교하면 초라하기만 했다. 하지만 완벽하게 모든 것을 넣고자 했다면 런칭 일정은 계속 연기되었을 것이다. 우선 기본적인 기능만으로 서비스를 오픈한 후에 사용자의 요구사항과 다음이 가진 기술력을 조율해 가며 기능을 추가했기에 시장의 주도권을 잃지 않을 수 있었다.

지금 다음지도 앱은 우리나라의 주요 거리 사진을 보여주는 로드뷰와 서울과 경기도의 버스 위치를 실시간으로 알려주는 버스정보, 지하철에 대한 상세정보를 알려주는 지하철 정보에 이르기까지 다양한 정보를 제공하고 있다.

프로젝트를 진행하면서 처음 정했던 목표와 계획대로만 오로지 달려가는 것도 바람직하지 않다. 시장의 트렌드가 빠르게 바뀌기 때문에 중간에 궤도 수정이 반드시 필요하다. '선실행 후검증'이라는 방식으로 사용자들의 생각과 반응을 체크하면서 조금씩 완성도를 높이는 전략적 선택이 필요하다.

이러한 현실을 반영하듯 최근에는 상품을 개발한 후 필드 테스트, 베타 테스트 같은 과정을 많이 활용한다. 비록 완성도가 떨어지더라도 우선 베타로 서비스를 오픈하고 사용자들의 의견을 들으면서 수정, 보완해 가는 것이다.

이러한 방법은 자칫 오만에 빠질 수 있는 전략의 아쉬움을 메워줄 수도 있다. 실천적 전략의 핵심은 내 생각을 강요하는 것이 아니라 검증하면서 채워가는 것이다. 그렇게 하려면 사용자들의 반응을 듣고 이를 프로젝트에 조금씩 반영해 나가는 지혜가 필요하다.

프로젝트는 사용자의 반응에 따라 아메바처럼 변할 수 있어야 한다. 그렇게 하기 위해서는 프로젝트 도중에 중간 산출물을 내고 이것을 테스트해 볼 수 있는 여유를 가져야 한다.

사무실에 처박혀서 세상과 담을 쌓은 채 오로지 프로젝트 참여자들만의 고집에 사로잡힌 산출물이 나오지 않도록 유의해야 한다. 유연한 사고를 가지고 프로젝트에 열린 구조의 개발 방법론을 채택해야 한다. 그래야 소비자에게 외면당하는 위험요소를 줄일 수 있다.

― 프로젝트, 멈추지 말고 속도를 유지하라

큰 기업의 프로젝트 진행속도가 더딘 이유는 무엇일까? 작은 기업보다 더 많은 자원과 훌륭한 인력이 있지만 프로젝트의 속도가 느리고 심지어 완성도도 떨어지는 경우가 종종 있다.

이는 일이 일을 만들기 때문이다. 큰 조직에서는 프로젝트를 시작하는 것부터 난항이다. 해당 프로젝트의 시작을 승인받기 위해 여러 부서와 상사들의 의견을 취합하고 결재를 받아야 한다. 작은 기업에서는 하기로 결정되어 실무작업에 착수하지만 큰 기업은 설득과 문서작업에 묶여 더디게 갈 수밖에 없다.

물론 이렇게 해서 프로젝트가 시작되면 관성의 힘에 의해 지속적으로 앞으로 나아가게 된다. 하지만 그 시작을 하게 만드는 동력이 처음에 많이 필요하다. 이 시간을 단축하고 원활하게 합의를 이끌어내야만 큰 기업에서도 프로젝트가 더 빠르고 강력하게 진행될 수 있다.

작은 기업은 이 기간이 짧고 의사결정의 구조가 단순하기 때문에 시

PM의 절대권력

프로젝트를 총괄하는 프로젝트 매니저(PM)는 내부보다 외부에서 더 큰 목소리를 낼 수 있어야 한다. 프로젝트에 참여해서 열심히 실무를 진행 중인 참여자들이 방해받지 않도록 온실 같은 환경을 조성해야 하는 것이다. 자칫 이들이 프로젝트 외부의 사람들에게 불려 다니고, 논쟁을 일으키고, 간섭받게 되면 프로젝트는 산으로 가게 된다. PM은 프로젝트 참여자들이 온전히 프로젝트에만 신경 쓰도록 많은 시간을 할애해야 한다.

하지만 많은 기업이 프로젝트를 이렇게 관리하지 않는다. 그것은 PM에게 그러한 권한을 주지도 않고, 주었더라도 그런 권한의 존재와 가치를 제대로 이해하지 못하기 때문이다.

PM보다 지위가 높은 경영진이나 부서장이 PM 혹은 프로젝트 참여자들에게 이래라저래라 의견을 내는 것은 처음 정했던 프로젝트의 목적, 목표, 가치 그리고 일정과 자원 등을 혼란스럽게 만드는 것이나 다름없다. 많은 프로젝트가 일정을 준수하지 못하고 처음 기대했던 완성도와 품질을 충족하지 못하는 이유는 프로젝트에 감 놔라 배 놔라 하는 사람들이 많기 때문이다.

따라서 프로젝트가 시작되면 PM에게 절대적인 권력을 주어야 한다. 100퍼센트 신임해야 원하는 결과를 얻을 수 있다. 그래야 프로젝트에 대한 책임을 PM이 온전히 질 수 있는 것이다.

많은 경우 프로젝트의 권한과 책임이 분리되어 있고, 사공이 많아 산으로 간다. 따라서 경영진은 "PM에게 맡겼으면 믿고, 믿지 못하면 맡기지 마라"라는 마음가짐을 반드시 명심해야 할 것이다.

동을 거는 데 시간이 오래 걸리지 않는다. 프로젝트는 어떻게든 시작만 되면 추진력을 받아 빠르게 가속도가 붙기 때문에, 이런 면에서 볼 때 작은 조직은 프로젝트의 시작을 빨리 할 수 있다는 강점이 있다.

게다가 큰 기업에서는 프로젝트의 시작이 어려울 뿐 아니라 탄력을 받아 달리는 프로젝트가 중간 중간 갑자기 튀어나온 걸림돌에 걸려 넘어진다. 이런 것을 극복하며 앞으로 나아가는 데 가장 효과적인 방법은 사람들이 프로젝트에 열광하도록 하는 것이다. 그래서 프로젝트를 좇아가도록 해야 한다.

즉, 프로젝트가 성공할 것이라는 예감으로 너도나도 호응하도록 해야 한다. 그래서 PM은 프로젝트가 시작된 후에도 프로젝트에 열광할 수 있는 조력자, 응원자를 적극 찾아나서야 한다. 프로젝트가 걸림돌을 만나도 가볍게 넘기고 달릴 수 있도록 응원 세력을 확보하는 것이 중요하다.

따라서 이 프로젝트가 다른 프로젝트나 상품 그리고 관련 부서에 직, 간접적으로 도움이 될 것을 피력해야 한다. 프로젝트가 회사에 진정한 도움이 되고, 각 부서의 이해관계에 긍정적인 역할을 한다는 사실을 알리는 것이다. 달려가는 프로젝트의 관성에 저해되지 않도록 평소 관리를 잘해야 하는 것이다.

한국의 스마트폰 사용자들이 가장 많이 사용하는 서비스는 카카오톡, 마이피플 같은 모바일 메신저다. 마이피플은 2010년 5월에 런칭했고, 그보다 훨씬 전인 2009년 초부터 준비한 서비스다. 반면 카카오톡은 마이피플보다 2개월 전에 런칭했고, 런칭 준비에 3개월가량이 걸렸다. 큰 조직에서의 프로젝트는 이처럼 시간이 오래 걸릴 수밖에 없다.

하지만 마이피플이 카카오톡을 위협하는 2위 메신저로 성장하게 된 것은 마이피플을 만드는 팀원들이 서비스에 열광했기 때문이다.

서비스에 대한 애착과 주인의식을 가지고, PM이 주변의 잡음에 흔들리지 않고 발 빠르게 카카오톡에 없던 mVoIP·컴퓨터 지원(컴퓨터에서 마이피플을 설치해서 사용할 수 있는 소프트웨어)·스티커(이모티콘과 비슷한 기능) 등을 오픈했기 때문이다.

시장 파괴적인 혁신, 그간의 상품과는 전혀 다른 형태의 상품이 나올 때에는 빠른 속도로 시장에 선보이고 선점하는 것이 중요하다. 추후 그것을 지키는 전략도 중요하지만 초기 선점조차 하지 못하면 이후 그 시장을 제대로 장악할 수 없게 된다.

이 같은 시장선점 전략에 있어 가장 중요한 것은 규모의 경쟁이 아닌 속도의 경쟁이다. 작은 벤처기업이 빠르게 시장을 선점하며 치고 나갈 수 있는 것은 프로젝트를 빠르게 시작하고 관성에 방해하는 요소가 적기 때문이다.

게다가 벤처기업은 오로지 그것만 하면 되지만, 조직이 비대해 지면 여러 가지를 동시에 해야 하기 때문에 힘이 분산된다. 오로지 하나를 위해 온 정신을 몰입해 집중해야 업무 성과도 높다. 다윗이 골리앗을 이길 찬스는 바로 이때 생긴다.

최소한 관리하고 즐겁게 진행하기

사실 프로젝트 관리는 없을 때가 가장 좋다. 방치를 해도 잘 돌아가도록 만들어야 한다. 실제로 프로젝트 참여자들이 열정적이고 책임과 권한이 명확하다면 프로젝트는 간섭하지 않아도 목표를 향해 잘 달려가게 된다.

프로젝트에 간섭하고 관리를 할 때에는 프로젝트에 문제가 발생했거나 문제가 예상될 경우다. 단, 이런 식으로 관리를 할 때는 프로젝트의 추진목표, 목적, 가치 그리고 일정과 자원 등에 대해 충분히 숙지하고 있는 PM이 직접 해야 한다. 프로젝트의 구체적인 상황을 제대로 알지 못하는 사람이 참여하게 되면 원래의 취지와 다른 의사결정을 할 수 있고 불필요한 관리가 더해질 뿐이다.

프로젝트를 자세하게 파악하고 있는 PM은 굳이 업무보고도 필요 없고 관리의 메스를 들이밀지 않아도 된다. PM이 이미 사전에 프로젝트의 제반사항과 진행과정을 잘 알고 있기 때문이다. 열심히 실무를 추진하고 있는 참여자들을 매번 불러들여 회의를 하고 업무보고를 받는 것은 불필요한 시간만 낭비하는 것이다.

잘되는 프로젝트는 굳이 들여다보지 않아도 스스로 알아서 목표를 향해 간다. 잘 안 되는 프로젝트 역시 관리를 하려 해서는 안 된다. 프로젝트의 비전·목표·자원·일정 등이 제대로 설정된 것인지부터 따져야 한다.

또한 프로젝트를 성공적으로 이끄는 최고의 원동력은 참여한 사람들의 열정임을 잊지 말자. 그들의 열정은 일을 하며 느끼는 즐거움에서 시작된다. 일하는 게 즐거운데 그 프로젝트가 안 될 리가 없다. 그렇다면 프로젝트 참여자들의 즐거움은 어떻게 유발할 수 있을까?

그것은 각자의 역할분담이 명확하고 책임과 권한이 분명함에서 시작된다. 각자의 영역을 존중하고 서로의 역할에 대해서 인정해야만 일이 즐겁다. 그 영역을 벗어나 타인의 업무에 대해서 의심하고 참견하는 순간 불필요한 논쟁이 싹튼다. 그 논쟁은 커뮤니케이션 손실과 스트레스를 유발해서 일에 흥미를 잃게 만든다. 이런 손실을 없애주는 것이 PM

의 역할이다.

따라서 PM은 프로젝트 참여자들이 반목하지 않고 역할과 책임을 명확히 구분해서 각각 맡은 영역에 대한 자신감을 가지고 업무를 추진할 수 있도록 응원해야 한다. 특히 프로젝트에 대한 외부의 각종 요구와 초기 설정한 프로젝트의 내역이 변경되는 사항을 경계하고, 방패막이 되어야 한다. 방해받지 않고 전념할 수 있도록 해주어야 즐거움이 따라온다.

프로젝트 다이어리를 쓰자

프로젝트에 참여한 모든 참석자들은 자신만의 프로젝트 다이어리를 쓰는 것이 좋다. 프로젝트에 참여하면서 느꼈던 감정과 문제점, 이슈 등을 기록하는 일기 말이다. 이는 누구에게 보고하기 위함이 아니라 스스로의 성장을 위해 기록해 두는 것이다.

바쁘게 사는 직장인에게 직장생활에서 남는 것이라고는 연봉과 직급뿐이다. 하지만 시간이 흐르며 축적되어야 할 것은 지식이다. 지식이 쌓이려면 직장생활의 경험에서 느끼고 배운 것을 복습하면서 학습해야 한다. 그렇게 학습하기 위해서는 자료가 필요하다. 프로젝트를 경험하며 느낀 점을 기록해 둔 것은 이후 훌륭한 학습자료가 된다.

프로젝트의 시작 시점부터 진행과정에 대한 모든 것을 날짜별로 기록해 두자. 나중에 이렇게 기록한 것을 다시 보게 될 때 엄청난 배움의 효과를 얻을 것이다.

프로젝트를 즐겁게 진행해야 그 결과나 관리가 모두 만족스러울 수 있다. 다양한 프로젝트를 중재하면서, 실무와 관리 양쪽을 챙겨야 하는 PM의 입장에서 이 모든 것을 충족시키기란 쉬운 일이 아니다. 이때 팀을 관리하고 프로젝트의 일정과 커뮤니케이션을 도와주는 다양한 도구들을 활용하면 관리가 더욱 수월해지고 효율성이 높아진다.

물론 PM에게만 이런 도구가 필요한 것은 아니다. 우리는 회사에서 혼자 일하는 것이 아니라 함께하는 경우가 많다. 프리랜서, 전문가들은 혼자 일할 수 있지만 직장인은 기본적으로 한데 어우러져 함께 일해야만 한다. 그러다 보니 직장인의 핵심역량으로 협업력을 항상 중시하게 되고 이때 도구를 유용하게 활용하는 것도 중요하다.

협업에 있어 가장 중요한 것은 업무분장이다. 누가 어떤 일을 맡고 있으며, 그가 맡은 세부적인 작업은 언제까지 끝내야 하는지를 잘 알아야 한다. 내가 할 일과 그가 할 일, 그들이 할 일이 무엇인지 꿰뚫고 있어야 협업이 잘 이루어질 수 있다. 각자가 맡은 업무에 대한 R&R(Role and Responsibilities) 역시 명확해야 한다.

이렇게 각자의 할 일을 관리하는 데는 구글태스크(사용법 http://bit.ly/fGT2NW)가 유용하다. 이는 구글캘린더의 '할 일 목록(task)'을 통해서 사용할 수 있다. 이것을 이용하면 언제까지, 어떤 주제의 어떤 일을 해야 하는지를 캘린더에 펼쳐서 쉽게 파악하고 관리할 수 있다. 물론 이 기능을 이용해 나의 할 일은 물론 타인에게 시키고 마감해야 할 일의 목록을 함께 관리하면 편리하다.

또한 협업을 하다 보면 당연히 커뮤이케이션이 잦아진다. 회의와 통화 그리고 메일을 통해 커뮤니케이션이 이루어지고 특히 메일의 경우 첨부파일을 통해서 업무와 관련한 각종 자료를 주고받게 된다.

이렇게 여러 명의 동료들이 메일로 파일을 공유하다 보면 혼란스러울 때가 많다. 최신 버전이 어떤 파일이고 누가 어떤 파일을 보냈는지 찾기가 여간 어려운 것이 아니다. 이때 유용한 것이 '드롭박스'라는 서비스로, 이는

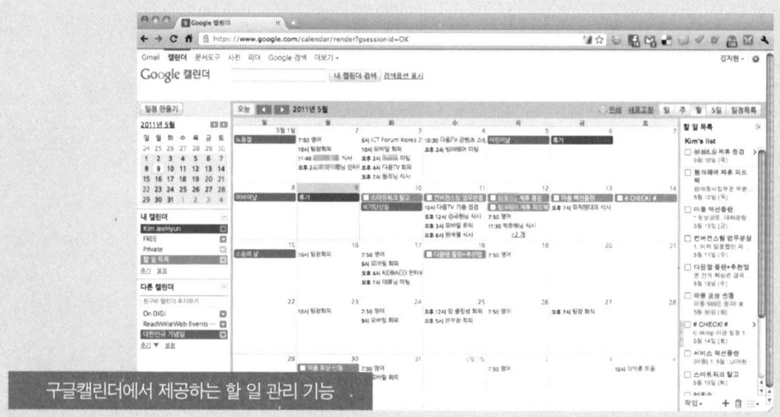

구글캘린더에서 제공하는 할 일 관리 기능

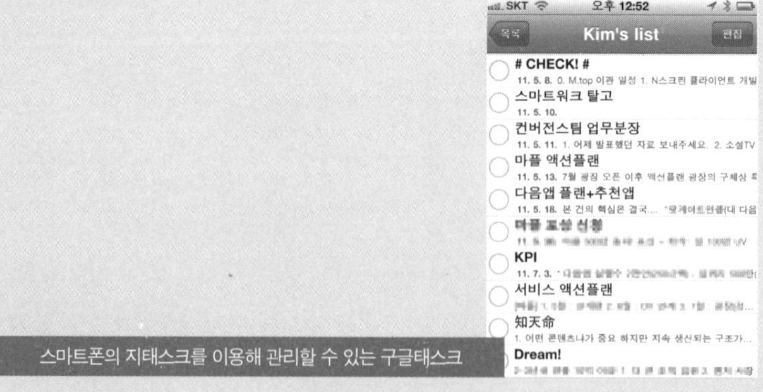

스마트폰의 지태스크를 이용해 관리할 수 있는 구글태스크

IBM 컴퓨터·맥·스마트폰·스마트패드 등 모두 기기에서 사용이 가능하다.

드롭박스를 컴퓨터에 설치하고 특정 폴더를 지정하면 해당 폴더의 모든 파일을 드롭박스 웹사이트와 동기화한다. 그리고 자신의 기기에 드롭박스를 설치하고 로그인을 하면 앞서 컴퓨터에서 동기화된 파일을 해당 기기에 연결해서 확인할 수 있다. 만일 회사와 집 컴퓨터에 드롭박스를 설치했다면 특정 폴더의 파일을 양쪽 컴퓨터에서 항상 똑같이 동기화할 수 있다.

또한 드롭박스(사용법 http://bit.ly/flpJVS)에서 특정 폴더를 공유하도록 설정

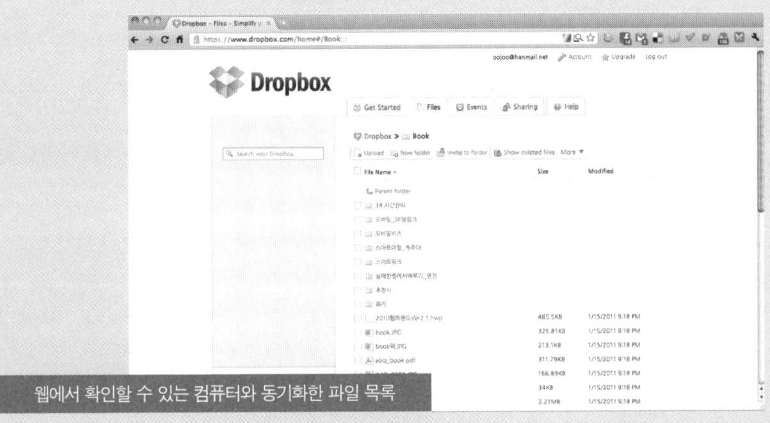

웹에서 확인할 수 있는 컴퓨터와 동기화한 파일 목록

웹 드롭박스와 자동 동기화할 수 있는 컴퓨터의 특정 폴더

하고 상대의 메일주소를 기입하면 해당 사용자가 폴더를 공유해서 사용할 수 있다. 공유된 폴더에 파일을 삭제하거나 업로드, 수정하면 그대로 상대 컴퓨터의 공유가 설정된 폴더에도 자동으로 업데이트된다.

이렇게 팀원들 전체를 드롭박스의 특정 폴더와 공유하도록 설정하면 항상 같은 파일을 유지할 수 있다. 메일로 파일을 첨부하지 않아도 같은 파일을 동일하게 사용할 수 있다. 드롭박스보다 다음의 다음 클라우드가 파일 용량도 크고 속도도 빠르다.

커뮤니케이션이 문서만 주고받는 것은 아니다. 프로젝트 참여자들은 항상 대화를 즉각적으로 할 수 있어야 한다. 참여자 한 명이 업무일정을 지연시킬 경우 도미노 효과처럼 다른 사람의 일정에 영향을 주어 프로젝트 전체 일정이 크게 지연될 우려가 있기 때문이다. 또한 프로젝트의 품질을 관리하고 안정적으로 진행되도록 하기 위해 모든 소식은 그때그때 공유해야 한다.

물론 메일은 정보를 공유하는 용도로 훌륭하지만, 간단한 소식을 빠르게 전달하고 회신을 얻는 용도로는 적합하지 않다. 메일은 비동기식 메시징 서비스로 채팅이나 메신저, 통화처럼 실시간 동기식 메시징 서비스가

자동 동기화 기능이 지원되는 다음 클라우드

아니기 때문이다.

그런 면에서 스마트폰 앱인 마이피플은 여러 명이 그룹대화를 하기 편리하다. 다수에게 보낸 메시지는 즉각적으로 스마트폰을 통해 전달되기 때문에 메일이나 컴퓨터 메신저보다 더 빠르고 확실하게 커뮤니케이션할 수 있다.

또한 텍스트 메시지 외에 사진과 동영상, 위치, 음성 등도 보낼 수 있다. 물론 웹사이트의 URL도 보낼 수 있다. 프로젝트와 관련된 여러 가지 자료와 정보를 실시간으로 전달하면서 서로의 의견과 생각을 나누기에 적합하다.

특히 마이피플(사용법http://daummobile.tistory.com/358)은 컴퓨터 웹에서도 사용이 가능하다. 그래서 불편한 스마트폰의 가상 키보드를 이용하지 않고도 컴퓨터에서 키보드를 이용해 쉽게 커뮤니케이션을 할 수 있다.

또한 IT 시스템이 잘 되어 있는 기업이라면 사내 프로젝트의 관리와 커뮤니케이션을 위해 위키, SNS(기업용 SNS인 야머) 등이 구축되어 있을 것이다. 이러한 장치를 이용하면 프로젝트에 대한 상세한 업무내역을 참여

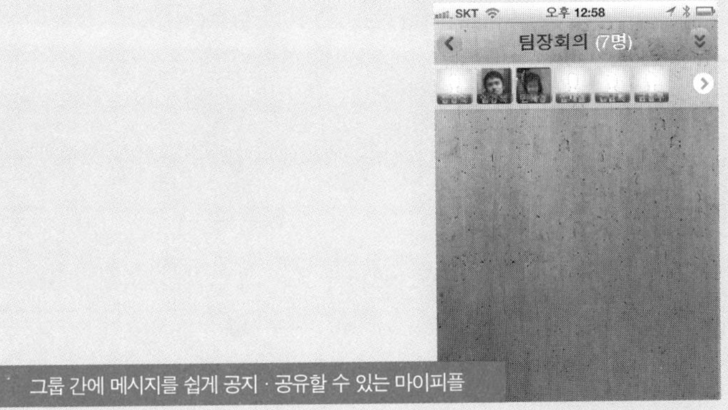

그룹 간에 메시지를 쉽게 공지 · 공유할 수 있는 마이피플

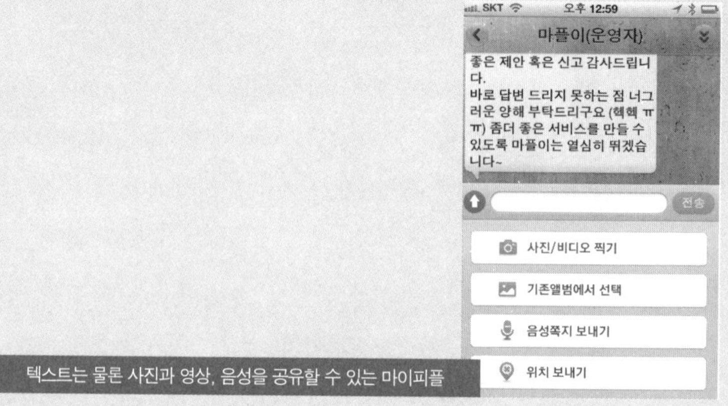

텍스트는 물론 사진과 영상, 음성을 공유할 수 있는 마이피플

자들이 쉽게 공유할 수 있다.

심지어 참여자가 아닌 상사나 경영진 그리고 추후에 프로젝트에 관심 있는 다른 직원들도 내용을 한눈에 파악할 수 있게 해준다. 야머(Yammer) 같은 기업용 SNS는 직원들이 업무에 대한 의견을 빠르게 교환하고 정보를 교류할 수 있도록 해준다.

문서 협업에는 구글이 제공하는 구글독스가 효과적이다. 구글독스 사이트에 문서파일을 업로드하면 여기서 문서를 보는 것은 물론 편집도 가능하다. 사용자의 컴퓨터에 오피스 프로그램이 설치되어 있지 않아도 구글독스에서 편집할 수 있다.

물론 문서를 새로 만들 수도 있다. 이렇게 생성된 문서는 동료와 공유할 수 있고 서로 구글독스에 연결해서 해당 문서를 공동으로 편집하는 기능도 가능하다.

앞서 개인의 일정을 관리하는 데 구글캘린더가 효율적이라고 언급했다. 그런데 구글캘린더(사용법 http://bit.ly/hxqflE)는 개인의 일정은 물론 타인의 일정을 공유할 수 있는 기능도 제공한다. 이 기능을 이용하면 팀원 각자의 일정을 서로 공유해서 전체의 업무내역을 쉽게 관리할 수 있다.

물론 공유설정을 하지 않은 일정은 서로 볼 수 없으므로 개인적인 일정은 공유할 필요가 없다. 그러다 보니 특정 업무가 지연될 경우, 바로 이곳에 반영해서 어떤 업무가 늦어졌는지 확인할 수 있어 편리하다.

일정을 기록할 때에는 제목, 장소, 시간뿐만 아니라 해당 일정에 대한 상세한 내용을 기입해 넣는 것이 좋다. 프로젝트 팀원들이 해당 일정에 대한 상세한 내용을 쉽게 파악할 수 있도록 말이다.

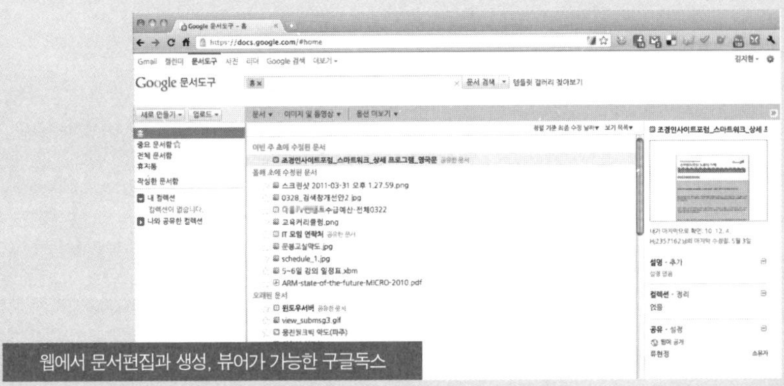

웹에서 문서편집과 생성, 뷰어가 가능한 구글독스

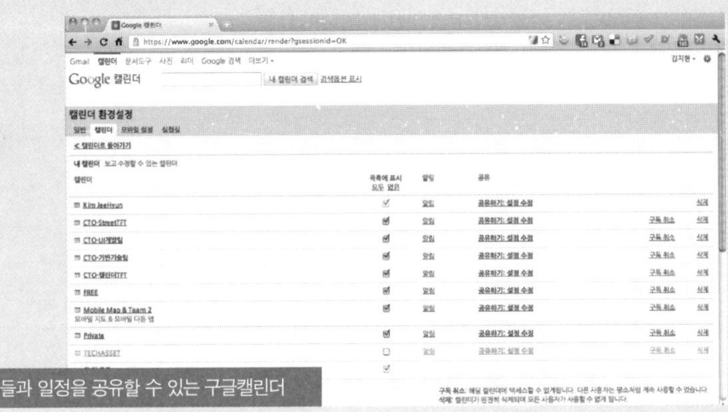

팀원들과 일정을 공유할 수 있는 구글캘린더

또한 일정에 파일을 첨부할 수 있어 해당 프로젝트의 세부업무에 대한 추가적인 사항을 쉽게 파악할 수 있도록 배려해야 한다. 이러한 배려가 전체 프로젝트 참여자들의 시간낭비를 줄일 수 있다.

물론 이 같은 내역은 스마트폰에서도 확인이 가능하다. 스마트폰을 들고 다니면서 어디서나 프로젝트의 일정이 제대로 진행되는지 문제는 없는지 한눈에 파악할 수 있다.

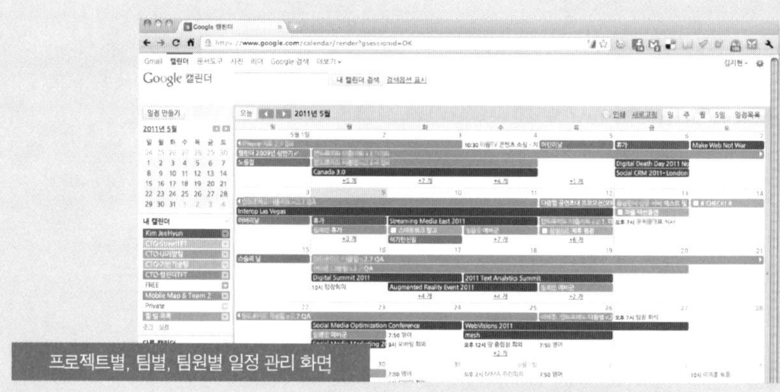

프로젝트별, 팀별, 팀원별 일정 관리 화면

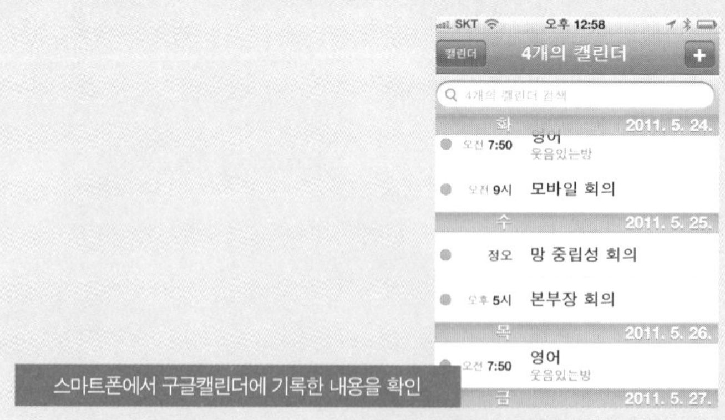

스마트폰에서 구글캘린더에 기록한 내용을 확인

8

디지털 통찰력의 기초,
신기술 친화력

'디지털 시대의 다빈치'라고 부르는 스티브 잡스의 통찰력은 비단 IT 영역에만 국한된 것이 아니었다. 그가 높게 평가받는 이유는 아이튠즈를 통해 음악시장을 변화시켰고, 통신시장과 휴대전화 산업에 커다란 패러다임의 변화를 야기했기 때문이다.

또한 아이패드는 출판시장과 신문산업에 영향을 주었고, 아이TV는 방송시장마저도 뒤흔들고 있다.

음악·방송·통신·제조·출판·언론 등 이 모든 산업을 뒤흔든 것은 그가 IT의 혜안을 가지고 산업 전반을 꿰뚫어보았기 때문이다.

문화와 산업의 지형을 바꾸는 신기술

하루 24시간 중에 우리가 접하는 디지털 기기는 몇 대나 될까? 아침에 일어나자마자 우리를 깨우는 스마트폰 알람과 오늘의 날씨를 알려주는 모바일 앱 그리고 버스의 위치를 알려주는 서울버스 앱으로 하루를 시작한다.

버스나 지하철에서 다음과 네이버를 연결해 뉴스를 보고, 지하철 역사와 거리에는 디지털 사이니징이 있어 우리의 눈길을 사로잡는다. 회사에 출근해서 컴퓨터 앞에 앉아 정보를 접한다. 친구들과 저녁식사를 하면서 스마트패드를 통해 검색을 하고 연예계 소식을 접한다. TV도 방송사의 앱이나 유튜브 등을 통해서 본다.

2011년 10월 서울시장 선거는 보수 언론사들의 연합군과 〈나는 꼼수다〉라는 아이튠즈 팟캐스트, 트위터 등의 진보 시민 연합군의 싸움이었다. 수많은 진보 네티즌들이 SNS와 블로그, 유튜브, 팟캐스트 등의 IT 서비스로 중무장을 하며 시민후보를 추대하고 여당후보를 비판했다. 여당은 이미 3년 전 미국에서 오바마 대통령의 당선에 지대한 공헌을 했던 SNS와 유튜브의 위력을 간과했다.

스마트폰이 가져온 생활의 편리함은 다양한 앱의 탄생으로 이어지고 있는데, 이러한 앱은 생활의 편의를 넘어 미디어 산업과 방송산업 전반에 영향을 끼치고 있다. 카카오톡·스카이프·마이피플·아이메시지 등의 메신저로 인하여 통신사들은 SMS와 통화료 비즈니스 모델을 걱정하고 있다.

이처럼 IT 신기술은 삶의 방식을 바꾸고, 산업 전반에 큰 영향을 주고 있다. 기술을 무시하면 시대에 도태되는 것은 물론이거니와 기업의 존립마저 위협받을 수 있다.

— 디지털 통찰력, 시장을 읽어라

세상의 변화는 IT가 주도하고 있다. 주변을 둘러보자. 미디어 시장의 지형 변화는 실시간 검색과 유튜브, 팟캐스트, SNS 등이 주도하고 있다.

통신시장의 변화는 스마트폰, 방송시장의 변화는 스마트TV, 출판시장은 스마트패드가 주도하고 있다. 야식배달조차도 상가수첩이 아닌 스마트폰 앱(배달의 민족)을 이용하고, 지하철에서 더 이상 《벼룩시장》을 보는 사람은 찾기 어렵다.

이 모든 변화가 스마트 혁명에서 비롯되었다. 만일 제조사·통신사·언론사·출판사·유통회사 등의 임원들이 이 스마트 혁명을 제대로 파악하고 있지 못하다면 그 기업은 제대로 미래전략을 수립할 수 있을까?

불과 1년 전만 해도 회사 책상 위나 직장인들의 주머니 속에 USB 플래시 메모리가 하나씩은 있었다. 회의실 컴퓨터에 파일을 옮기거나 집에 있는 노트북으로 주말에 문서작업을 할 때 USB 메모리가 효자 노릇을 톡톡히 했다. 하지만 이제 주머니에 넣고 다니던 USB 메모리는 서랍 한쪽에 있을 뿐이다.

USB 메모리가 10년 전 플로피 디스켓처럼 사라져 가는 이유는 클라우드 서비스 때문이다. KT의 U클라우드, 다음 클라우드, 네이버 N드라이브 등의 서비스 덕분에 굳이 들고 다니며 사용해야 하는 USB 메모리가 필요 없어진 것이다.

음악을 클라우드에 저장해 두고 듣고 싶을 때마다 컴퓨터, 스마트패드, 스마트폰 어디에서든 연결해서 라디오처럼 듣는 서비스가 멜론, 벅스뮤직 등이다. 최근 애플도 아이튠즈에 저장된 음악과 영화 등의 콘텐츠를 TV, 라디오처럼 선택해서 들을 수 있도록 해주는 아이클라우드 서비스를 시작했다.

기존의 MP3P 음악 서비스는 파일을 내 컴퓨터에 내려받아서 들었다면 최근의 음악 클라우드 서비스는 기기의 메모리에 저장해 두는 것이 아니라 들을 때마다 내려받으면서 들을 수 있도록(스트리밍) 해준다. 굳이 기기의 메모리를 사용하지 않고 인터넷으로 필요할 때마다 내려받으며 음악, 영화를 소비할 수 있어 메모리 용량이 적은 스마트폰에서 유용하게 사용할 수 있다.

이처럼 최신 IT 신기술의 변화상을 제대로 이해하지 못하면 USB 메모리가 사라지게 되는 이유와 음악시장의 변화에 대해 제대로 파악할 수 없다. 또한 클라우드 같은 신기술의 등장이 시장에 가져올 변화에 대한 디지털 통찰력이 있어야 우리가 종사하는 산업과 기업에 끼치는 영향을 예측하고 대비할 수 있다.

클라우드에 대해 좀 더 생각해 보자. 애플이 발표한 iOS5를 아이폰에 설치하면 이것으로 촬영한 사진과 영상 등의 데이터들이 자동으로 애플의 클라우드(아이클라우드)에 저장된다.

아이폰을 컴퓨터와 연결하지 않아도 아이클라우드에 저장된 파일을 컴퓨터에서 볼 수 있으므로 스마트폰에 저장된 데이터를 쉽게 컴퓨터나 아이패드에서 소비할 수 있다. 게다가 아이폰을 잃어버려도 아이클라우드에 모든 데이터가 저장되므로 이전에 사용하던 내 아이폰의 모든 것을 복원할 수 있다.

물론 구글의 안드로이드 역시 다양한 종류의 클라우드 서비스를 제공하고 있다. 지메일·캘린더·구글리더·피카사 등이 모두 구글의 클라우드 서비스다. 안드로이드가 탑재된 갤럭시S를 구입하고 구글의 아이디와 암호를 입력하면 안드로이드폰은 구글의 클라우드 서비스와 모든 것이 자동으로 동기화된다. 지메일의 주소록이 휴대전화의 주소록이 되고, 폰의 캘린더가 구글 웹에서 사용하는 캘린더와 일치하게 된다.

'피카사'라는 구글의 사진 서비스와 폰의 앨범 서비스가 동기화되어 휴대전화에서 피카사에 저장해 둔 사진들을 볼 수 있다. 안드로이드가 탑재된 구글폰이 구글의 서비스와 혼연일체가 되는 것이다. 단순한 파일이 아닌 삶의 추억들이 클라우드에 자동으로 저장되고 있는 것이다.

그렇다면 기업은 왜 이러한 클라우드 서비스를 무료로 제공하는 것일까? 10년 전과 달리 우리는 대부분 두 대 이상의 기기를 이용해 인터넷에 연결하고 있다. 컴퓨터뿐만 아니라 스마트폰 그리고 앞으로는 스마트패드 그리고 제2, 제3의 기기를 이용해 인터넷을 사용한다. 이렇게 많은 기기를 이용하면서 사람들은 새로운 기기의 사용법에 스트레스를 받고, 각 기기별로 사용하는 파일과 데이터를 관리하는 데 혼란에 빠지게 된다.

만일 그 중재 역할을 클라우드가 하게 된다면 우리는 그것에 종속될 것이다. 자신이 사용하는 기기를 통해서 종속된 클라우드에 일상과 인생 그리고 수많은 데이터를 저장하면서 클라우드 서비스에 평생을 맡기게 된다. 기기는 교체될 수 있지만 클라우드는 교체될 수 없다. 즉, 기기는 껍데기일 뿐이고 그 안에 들어 있는 핵심 데이터는 클라우드에 저장되어 있으므로, 우리는 클라우드를 제공하는 그 기업의 고객이 되는 것이다.

결국 클라우드를 제공하는 기업은 고객에게 무료로 서비스를 제공하면서 이들을 평생 고객으로 삼게 되고, 그렇게 고객의 시간을 장악하면서 다양한 비즈니스 모델을 창출해 내게 된다. 이것이 클라우드가 주는 비즈니스적 가치다.

디지털 통찰력의 핵심 전략, 데이터마이닝

이제 동네 슈퍼마켓과 미용실 사장님도 이러한 시대의 변화를 읽을 수 있는 디지털 통찰력이 필요하다. 스마트폰은 지역광고 시장에도 커다란 변화를 야기하고 있기 때문이다. 이러한 변화를 내다본다면 누구나 모바일의 광고시장에 대한 변화를 예의주시해야 한다. 실제로 10년 전 검색광고를 제대로 활용한 지역 소상공인은 고객 확보에 성공하며 가게의 규모를 키울 수 있었다.

미국에서만 사용할 수 있는 판도라 앱은 무료로 음악을 들을 수 있다. 이 앱으로 원하는 음악을 검색해 듣는 동안 판도라의 서버는 사용자에 대한 많은 정보를 저장한다. 언제, 어디서, 무슨 음악을 들었는지 기억하는 것이다. 그런 다음 취합한 정보를 바탕으로 해당 사용자가 좋아할 만한 음악을 추천해 준다. 굳이 음악을 검색하지 않아도 기존 정보를 분석(데이터마이닝, data mining)해 음악을 골라주는 것이다.

이 앱은 유료 결제를 통해서도 일부 수익을 얻지만, 핵심 비즈니스 모델은 '광고'다. 앱이 인기를 끌면서 앱 하단에 노출되는 배너광고의 단가가 다른 모바일 광고보다 5~6배 정도 높아졌다. 광고에 대한 사용자들의 클릭 빈도와 반응률이 높기 때문이다. 사용자의 사용 행태를 분석해 그 사용자와 관련 있는 광고를 게재함으로써 광고 반응률을 높였다.

스마트폰의 등장으로 업그레이드된 모바일 시대의 광고는 매스미디어와 인터넷을 기반으로 하던 이전의 광고와 다를 수밖에 없다. TV나 라디오 광고는 가격이 비쌀 뿐 아니라 불특정 다수를 대상으로 하기 때문에 특정 고객층에 효율적으로 광고를 전달하는 데 한계가 있다.

2000년 무렵 웹의 시대가 본격화하면서 인터넷 광고가 이러한 문제점을 해결했다. 디스플레이 광고(DA: Display Ad)와 검색광고(SA: Search Ad) 같은 온라인 광고는 현재 한국 광고시장(약 8조 원)의 25퍼센트를 차지할 정도로 성장했다. 기존 매스미디어의 광고와 다른 차별화된 가치를 제공해 주었기 때문이다.

이뿐만이 아니다. 아이폰의 등장으로 업그레이드된 모바일 시대도 새로운 광고 비즈니스 모델의 등장을 예고하고 있다. 지역 기반 광고(LA: Local Ad)가 그것이다. LA는 웹에서 제대로 구현되지 못한 새로운 형태의 모바일 광고로, 미국과 일본에서는 이미 활발하게 이루어지고 있으며 한국은 아직 시장이 형성되지 못한 상태다.

판도라 앱이 연령과 성별 같은 사용자의 프로필을 모르면서도 정확도 높은 타깃광고를 할 수 있는 것은 스마트폰의 각종 센서 덕분이다. 이들은 위치, 통화내역, 사용한 앱의 종류, 촬영한 사진 등 사용자의 일상에 관한 모든 정보를 축적하고 분석한다.

오전 9시 주택가에서 아이들이 좋아할 만한 음악을 판도라에서 듣는다는 것은 사용자가 30대 주부일 확률이 높다고 해석하거나, 점심시간 뉴욕의 고층빌딩에서 컨트리 음악을 듣고 있는 사용자는 40대 남성일 확률이 높다고 보는 식이다. 이러한 정보를 기반으로 사용자의 취향을 분석하고 그에 맞는 광고를 게재하면 광고의 가치를 극대화할 수 있다.

LA는 그룹이 아닌 개인을 타깃으로 삼아 사용자의 행동에 대한 정보를 활용한다. 물론 이런 광고는 웹에서도 구현된 것이지만, 모바일 시대에는 사용자의 행태와 요구에 대한 정보가 더욱 정교해지고 있다. 이처럼 나날이 발전하는 데이터마이닝을 통해 우리 삶의 영역들이 변화하고 있다.

진정한
스마트워커가 되자

　당신의 스마트폰을 한번 찬찬히 들여다보자. 이전에는 생각하지도 못한 수많은 기능들이 앱으로 빼곡히 깔려 있지 않은가. 스마트폰의 발달로 현재 100만 개가 넘는 혁신적인 앱과 서비스들이 넘쳐나고 있다.

　이러한 혁신은 스마트폰에 탑재된 다양한 센서가 만들어낸 새로운 기회와 가능성 덕분에 가능하다. 이러한 센서는 상호작용하면서 동작함으로써 사용자가 처한 상황을 자동으로 인지하여 스마트폰과 사용자 간에 교감을 할 수 있도록 해준다. 이렇게 센서를 통해 기계와 인간이 상호 교감하는 것을 가리켜 '디지센서스(DigiSensus)'라고 부르기까지 하는데, 이러한 기능 덕분에 인간의 감각영역은 확장되어 보다 편리한 모바일 서비스를 사용할 수 있다.

　이 같은 스마트폰 센서는 갈수록 진화하고 있다. RFID, NFC 등의 새로운 센서 네트워크는 물건에 태그를 붙임으로써 스마트폰과 쉽게 데이터를 송수신할 수 있도록 해준다. 이러한 태그 덕분에 사물과 인터넷 간에 상호작용이 가능해 USN(Ubiquitous Sensor Network) 세상을 구현할 수 있다.

결국 현실계의 모든 사물들이 주변 사물들과 네트워크로 연결될 수 있는 사물 통신의 시대가 열릴 것이다. 이는 인간과 기계, 기계와 기계를 넘어 사물과 사물 간 소통을 확장시켜준다. 또한 이러한 네트워크를 통해 자동화된 시스템이 스마트폰의 센서와 결합해 인간의 새로운 감각기관으로 작용하면서 더욱 개인화되고 차별화된 서비스를 가능하게 할 것이다.

스마트폰의 카메라가 인간의 눈을 대신하고, 마이크가 귀를 대신하고, 수많은 센서들이 우리의 부족한 감각기관을 대신하면서 우리의 오감을 넘어선 제6의 감각기관으로 작동하고 있다. 그러다 보니 스마트폰은 이제 단순한 디지털 기기를 넘어서 신체의 일부가 되어 우리가 항상 인터넷에 연결될 수 있도록 돕는다.

이처럼 스마트폰이라는 도구의 변화는 인류의 문명을 변화시키고 사회 전반은 물론 우리의 삶과 산업에 크나큰 영향을 끼치고 있다. 특히 현대사회를 살아가는 직장인과 취업을 앞둔 대학생들에게는 이 변화를 주도하느냐, 따라가느냐에 따라 기업의 핵심인재로 주목받을 수도 있고 반대로 도태될 수도 있다.

우리는 누구나 하고 싶은 것을 할 수 있을 때 가장 큰 역량을 발휘할 수 있다. 하지만 이 사회에서 누구나 하고 싶은 일을 할 수 있는 것은 아니다. 하고 싶어도 할 수 있는 능력이 갖추어지지 않으면 원하는 기회를 얻을 수 없다. 반대로, 비록 하고 싶은 일을 할 수 있어도 사회에서 해야만 하는 일이 다를 수도 있다.

결국 이러한 현실을 살아가야 하는 우리는 이 시대의 직장인으로서 먼저 회사가 요구하는 '해야만 하는 일'을 잘해내야 하고, 그러기 위해 도구를 활용해 역량을 극대화할 수 있어야 한다. 물론 하고 싶은 일을 포기하지 않고 지속적으로 관심을 갖고 시도하는 일도 놓쳐서는 안 된다. 해야만 하는 일이든, 하고 싶은 일이든 결국 할 수 있는 역량이 되어야 두 마리 토끼를 모두 잡을 수 있기 때문이다. 그러려면 내게 부족한 역량을 극대화할 수 있는 업무태도와 자세가 필요하다.

열정이라는 땔감과 도전이라는 불쏘시개를 가지고 역량을 활활 타오르게 할 때, 하고 싶은 일을 할 수 있고 덤으로 해야만 하는 일도 잘 할 수 있다. 그러한 과정에서 필요한 것이 역량을 극대화해 주는 도구들이다. 그 도구에는 컴퓨터와 인터넷에서부터 스마트폰과 스마트패드 같은 문명의 이기들 외에도 업무를 대하는 기본적인 능력인 업무력이 포함된다. 아무쪼록 이 책을 통해 많은 직장인들이 자신의 업무력을 극대화하는 다양한 기술에 대해 느끼고 배우고 실천하기를 바란다.

무공비급을 머릿속에 암기만 하고 있으면 아무 효과를 낼 수 없다. 실제로 몸에 익을 때까지 끊임없이 반복적으로 수련하고 수많은 경험을 해야만 실전에 응용할 수 있다. 이 책에 수록된 내용들 역시 머리가 아닌 손과 마음에 익혀서 실제로 업무에 지속적으로 활용할 수 있어야 진정한 가치를 발휘할 것이다.

자, 이제 자신의 스마트폰을 다른 눈으로 바라보자. 그리고 판에 박힌 수동적인 업무태도에 벗어나 스마트 시대의 진정한 스마트워커로 탈바꿈해 보자.

2011년 12월
김지현

호모스마트쿠스로 진화하라

초판 1쇄 2012년 1월 10일

지은이 | 김지현
펴낸이 | 송영석

편집장 | 이진숙 · 이혜진
기획편집 | 박신애 · 한지혜 · 박은영
디자인 | 박윤정 · 박새로미
마케팅 | 이종우 · 한명회 · 김유종
관리 | 송우석 · 황규성 · 전지연 · 황지현

펴낸곳 | (株)해냄출판사
등록번호 | 제10-229호
등록일자 | 1988년 5월 11일(설립연도 | 1983년 6월 24일)

120-210 서울시 마포구 서교동 368-4 해냄빌딩 5 · 6층
대표전화 | 326-1600 **팩스** | 326-1624
홈페이지 | www.hainaim.com

ISBN 978-89-6574-331-6

파본은 본사나 구입하신 서점에서 교환하여 드립니다.